淄博市校城融合发展计划之"基础教育创新发

创意剪纸

王继红／著

中国科学技术大学出版社

内 容 简 介

本书共6篇28讲,包含剪纸基本技巧的灵活应用、剪纸与其他艺术形式的结合,以及剪纸美化我们的环境、服务于我们的生活等内容。在学习过程中,本书注重引导学生进行自主创意和团队协作,促进其创造力与手脑协调能力的发展。

本书可作为青少年美术课课外辅助书。

图书在版编目(CIP)数据

创意剪纸/王继红著. —合肥:中国科学技术大学出版社,2021.1
ISBN 978-7-312-04960-6

Ⅰ.创… Ⅱ.王… Ⅲ.剪纸—技法(美术)—小学—教学参考资料 Ⅳ.G624.753

中国版本图书馆CIP数据核字(2020)第081500号

创意剪纸
CHUANGYI JIANZHI

出版	中国科学技术大学出版社 安徽省合肥市金寨路96号,230026 http://press.ustc.edu.cn https://zgkxjsdxcbs.tmall.com
印刷	安徽国文彩印有限公司
发行	中国科学技术大学出版社
经销	全国新华书店
开本	880 mm×1230 mm 1/24
印张	11.5
字数	323千
版次	2021年1月第1版
印次	2021年1月第1次印刷
定价	48.00元

前　　言

　　传统文化是一个国家、一个民族的灵魂。每个国家、每个民族都有自己的历史渊源和文化血脉，古往今来，各个国家、各个民族在历史发展的每个阶段都受到精神文化的深刻影响。

　　剪纸，是一门从历史的血脉里向我们走来的草根艺术，也是一种有温度、有神采、对天地有敬畏的吉祥"话语"。它饱满、开阔、自由、幸福，洋溢着旺盛的生命力。它是在老百姓苦难生活中开出的智慧之花，是在荒凉寂寞的乡村生活中人与天地自然沟通的心灵秘语。剪开纸的那一瞬，如同剪开了一个花花世界，没有对错，没有忧伤，带着田野间湿漉漉的清香在幽深的思想深处开疆拓土，迅速还原出隐藏在心灵深处的深情和憧憬，在纸与剪的"穿针引线"中完成心与手的完美统一。走近剪纸，你会不由自主地爱上它，然后与它一起感受心灵飞翔的乐趣。

　　本书由淄博师范高等专科学校承担的2018年淄博市校城融合发展计划之"基础教育创新发展研究平台建设"资助，内容由浅入深，涵盖了从剪纸技巧到应用的各个部分，克服了传统剪纸书籍只强调技巧和民俗知识的弊端，在知识的融合性、灵活性和形式感上做文章。本书既是对中小学美术课的一种拓展和延伸，也是将剪纸技艺生活化、当代化的有益探索。

本书拒绝填鸭式灌输，而是注重激发兴趣，让同学们主动地参与到学习过程中，内容包括传统技巧和现代应用两大块。传统技巧部分主要介绍剪纸基本技巧及其与其他元素的融合。例如，将剪纸与绘画、折纸、色彩、设计等结合，进行平面与立体创意、单色与彩色造型设计。应用部分包含融入剪纸元素的特色服饰、家居饰品、生活实用品等实物的创意设计，在过程中灵活地应用所学的美术知识，将画、剪、折、涂色、配色、组合、拼接、设计应用等技巧相融合，将剪纸与日常生活元素相结合，碰撞出各种平面创意与立体创意的火花。通过学习本书，同学们能够在愉快的参与过程中提高自己的动手能力、创意能力和审美能力。

王继红

2020年2月

目　　录

| i | 前言 |

001　第一篇

画一画

- 003　第一讲　认识点、线、面
- 010　第二讲　剪纸的纹样及组织
- 018　第三讲　阴剪画法与阳剪画法
- 028　第四讲　剪纸中的文字画法

037　第二篇

剪一剪

- 039　第五讲　剪刀如何穿越纸面
- 049　第六讲　纹样的组织与变化

059　第三篇

变一变

- 061　第七讲　对称剪纸（简单图形）
- 069　第八讲　对称剪纸（小姑娘）
- 077　第九讲　二方连续剪纸
- 086　第十讲　团花剪纸
- 096　第十一讲　如何创意美丽的大团花

109 第四篇
做一做

- 111 第十二讲 自由剪纸
- 121 第十三讲 春之魅（牡丹）
- 128 第十四讲 夏之梦（荷花）
- 136 第十五讲 秋之洁（菊花）
- 145 第十六讲 冬之舞（梅花）

155 第五篇
生活装饰

- 157 第十七讲 彩色剪纸创意（一）
- 166 第十八讲 彩色剪纸创意（二）
- 175 第十九讲 会飞的花朵（蝴蝶装饰）
- 186 第二十讲 立体彩球
- 195 第二十一讲 剪纸团扇

211 第六篇
创意应用

- 213 第二十二讲 五彩软木杯垫
- 219 第二十三讲 小书签,浓书香
- 228 第二十四讲 纸盘、纸碗剪纸装饰
- 235 第二十五讲 小镜框,展风采
- 241 第二十六讲 个性手提袋
- 247 第二十七讲 创意植绒纸服装
- 258 第二十八讲 创意剪纸窗帘

268 后记

第一篇

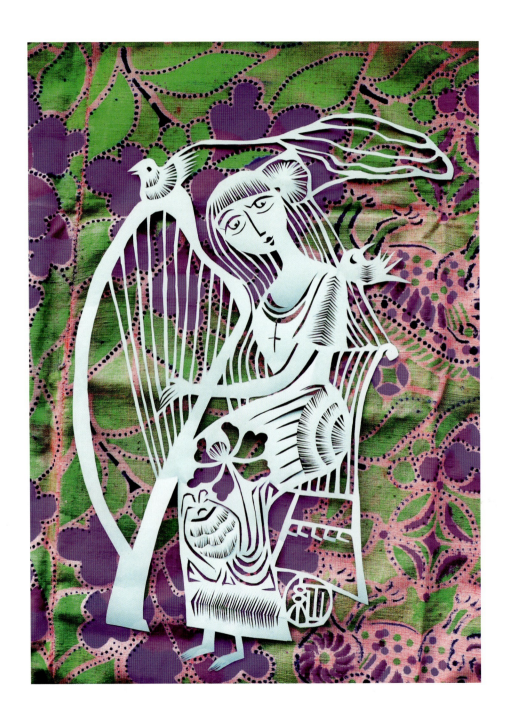

第一讲　认识点、线、面

一、导言

点、线、面是造型艺术中最基本的表现语言,它们具有符号和图形特征,能表达丰富的情感内涵。点表示位置,线是点移动的轨迹,面是由线的连续移动形成的。要学会剪纸技艺,首先要掌握剪纸画法。剪纸画法和一般的简笔画画法不同,具有独特的表达方式,这些方式是由点、线、面构成的。

二、观察与讨论

看一看图1.1—图1.4所示的一组剪纸作品,说一说这些造型上都装饰了哪些纹样?你能说出它们的名称吗?

图1.1　弧线连续

图1.2　五角星渐变

图1.3 折线连续

图1.4 圆形、波浪线连续

三、总结

纹样是点、线、面有秩序、有节奏的重复排列。

（一）基础知识

剪纸纹样是由点、线、面构成的（图1.5）。

（1）点：点是一切形态的基础，是万物之始。

（2）线：线最善于表现动与静，有直线、曲线、折线等。不同的线有不同的情感：垂直线挺拔，平行线安静，曲线浪漫，折线顿挫。

（3）面：面分为规则形和不规则形。规则形如圆形、三角形、菱形、半圆形、月牙形、方形、花形、葫芦形等，有安定、秩序之感。不规则形可以任意变化，不规则形有柔软、轻松、生动之感。

（a）只有梅花是知己　　　　　　　　（b）团花

图1.5　点、线、面装饰

（二）基本技巧

简笔画中的点、线、面与剪纸中的点、线、面有何区别？观察图1.6—图1.8并找出答案。

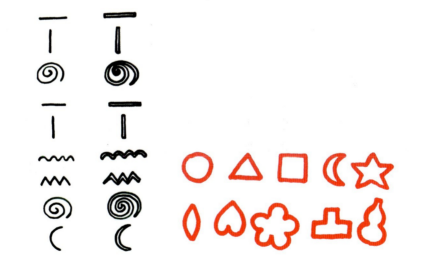

图1.6　点的变化　　　图1.7　各种线形的变化　　　图1.8　各种面造型

锯齿纹是剪纸中最具有代表性和使用率最高的纹样，一般由直线与锯齿纹或各种弧线与锯齿纹组合构成。不同的线条会产生不同的效果（图1.9、图1.10）。

图1.9　直线锯齿纹　　　　　　　图1.10　弧线锯齿纹

点、线、面的基本变化规律：点变成圆点，线变成双线，面还是面。

（三）创作步骤

本讲以剪纸作品小猪为例（图1.11），介绍其创作步骤。

图1.11　小猪的创作步骤

（1）找一张可爱的小猪简笔画图片[图1.11(a)]。

（2）画出小猪的轮廓,可以适当地夸张和省略,注意小猪的身体、四肢应互不遮挡,要作平面化处理[图1.11(b)]。

（3）画出小猪的五官,小猪的嘴巴可省略[图1.11(c)]。

（4）在小猪的身上进行点、线、面的纹样设计和组织。注意：头部和躯干、躯干和胳膊交接的地方,要用纹样隔开[图1.11(d)]。

（5）剪制效果见图1.11(e)。

提示：小猪的鼻子是一个大圆里面套着两个小圆,类似这种面中套面的图形,如果剪大圆,那么里面的两个小圆就都掉了,所以一定要把外轮廓双线分成两部分(图1.12)。小花也是如此(图1.13)。

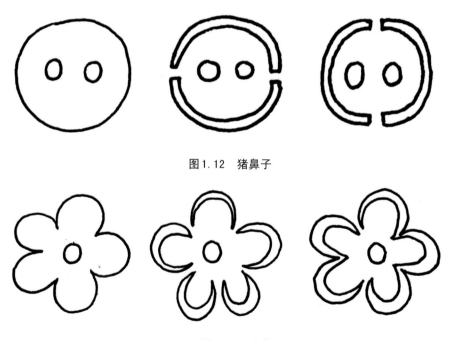

图1.12　猪鼻子

图1.13　小花

(四)作业展示

作业示例如图1.14所示。

图1.14 作业示例

(五)创意无限

不同的线具有不同的情感:垂直线挺拔,平行线安静,曲线柔美,折线顿挫。恰当地利用点、线、面的情感去组合创意,会使画面能够有效地表达出内心的情感(图1.15)。

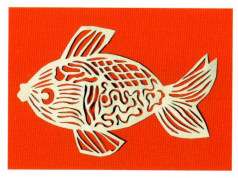

图1.15 作品展示

（六）学生作业卡

说一说树叶、蝴蝶、小鱼、小鸡、蜗牛上装饰的点、线、面都有哪些（图1.16）？选择你喜欢的2～3幅图并进行临摹。

（a）树叶　　　（b）蜗牛　　　（c）小鸡

（d）小鱼　　　（e）蝴蝶1　　　（f）蝴蝶2

图1.16 剪纸画范例

第二讲　剪纸的纹样及组织

一、导言

　　艺术来源于生活,又高于生活。生活是什么？生活是人为了生存和发展而进行的各种活动。艺术是用形象来反映现实,但比现实更有典型性的社会意识形态。人对自然现象进行体验、感悟、提炼、加工,并用某种形式来表现它。美丽的自然界——高山流水、飞禽走兽、花草虫鱼等充满了缤纷的色彩和有趣的秩序,它们静静地等待着某一天与我们"狭路相逢",碰撞出精彩的火花。

二、观察与讨论

　　观察图2.1—图2.6所示的一组植物,说一说它们的秩序感在哪里？

图2.1　野菊花

图2.2　荷花花蕊

图2.3　荷叶

图2.4　松果菊

图2.5 火炬树

图2.6 莲蓬

三、总结

自然界的纹样充满了秩序感和节奏感,既丰富多彩又具有明显的规律性,如由中心向四周等距离排列、放射状排列、扇形排列、左右排列、旋转状排列、交叉排列、平行排列、渐变式排列(由小到大或由大到小)等。

(一)基础知识

(1)剪纸的基本纹样:点、线、面。

(2)纹样的组织规律:有秩序、有节奏地排列。叶片形状相同,但大小疏密不同,形成一种有节奏的变化(图2.7、图2.8)。

图2.7 猫眼草

图2.8 观音

(二) 基本技巧

图2.9—图2.12所示为有秩序排列的纹样。

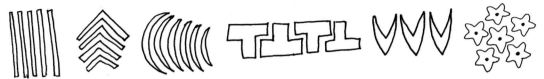

图2.9 重复排列（任意形状）：单个纹样的反复重复

图2.10 由中心向外呈放射状排列（线、面不限）

（a）左右排列、由大到小排列　　　　　　（b）扇形排列

图2.11 不同形式的排列组合

（a）圆由小到大　　（b）直线由粗变细、由疏变密　　（c）弧线交叉排列

图2.12　由中心向外排列

有秩序的排列可以是等量的平行排列、垂直排列、团状排列、扇形排列、左右排列，也可以是有节奏的排列，如由弱变强排列、由短变长排列、由小变大排列、由窄变宽排列等（图2.13）。

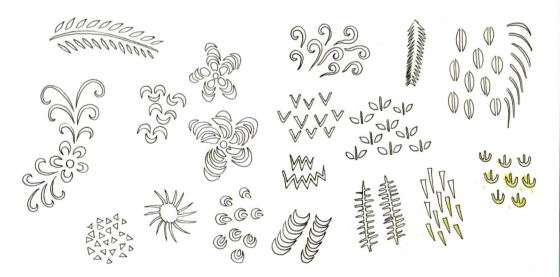

图2.13　纹样的排列变化

（三）创作步骤

按照由中心向外呈放射状排列的规律，组织2~4个纹样进行自由排列，可以出现千姿百态的纹样造型。

这里以梅花纹样为例，介绍相关的设计步骤。

（1）选择两个基本纹样——圆形纹和圆形锯齿纹，圆形纹放在中心位置，圆形锯齿纹按照环形排列的方式围绕圆形纹重复排列5次，梅花纹完成[图2.14（a）]。

（2）在任意两个圆形锯齿纹中间插入1个鱼鳞纹，共插入5个，剪完后梅花纹的轮廓便被勾勒出来[图2.14（b）]。

（3）用10个月牙纹围绕梅花纹环形排列一圈，图样会变得更丰富[图2.14（c）]。

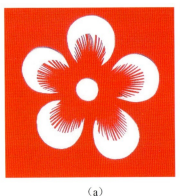

（a） （b） （c）

图2.14 梅花纹样

其他类型的纹样也是如此，你可以把图2.15所示的纹样画出来吗？如果你希望纹样更复杂一些，那么可以继续选择其他纹样并做环形重复排列。

图2.15 其他花形纹样

（四）作业展示

作业示例如图2.16所示。

(a) 灯笼　　　　　(b) 青蛙　　　　　(c) 手提包

(d) 鱼　　　　　(e) 飞鸟　　　　　(f) 花瓶

图2.16　作业示例

（五）创意无限

点、线、面的组织没有规矩可言，除了固定的程式化组合之外，纹样的变化可谓丰富多彩。只有想不到，没有"做不到"。越是"胆大妄为"，越是灵光乍现；越是"谨小慎微"，越是困难重重。让我们抛开一切规矩，轻松上阵，用"化腐朽为神奇"的力量，自由组合出"令人意外"的剪纸纹样吧（图2.17）！

图2.17 作品展示

（六）学生作业卡

运用点、线、面的组织规律给图2.18中的图形添上合适的纹样。画完后把你在设计过程中觉得有难度的问题记录下来，课后跟同学一起讨论解决。

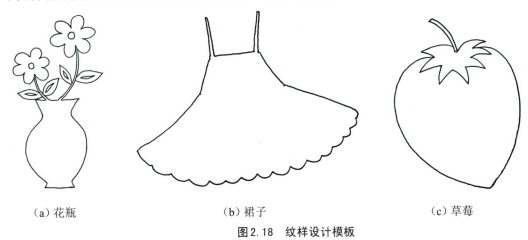

（a）花瓶　　　　　（b）裙子　　　　　（c）草莓

图2.18　纹样设计模板

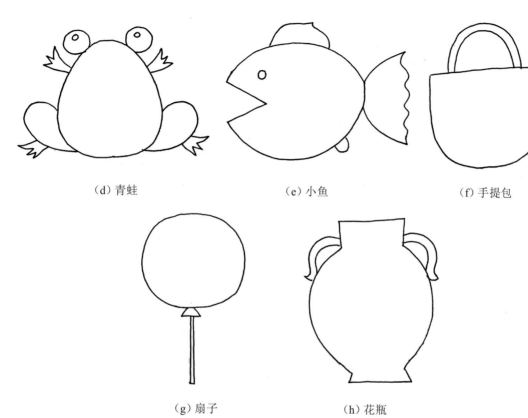

(d) 青蛙　　　　　(e) 小鱼　　　　　(f) 手提包

(g) 扇子　　　　　(h) 花瓶

图2.18　纹样设计模板（续）

第三讲　阴剪画法与阳剪画法

一、导言

剪纸是在纸上镂空剪刻后产生的平面装饰图形。传统民间剪纸有阴剪和阳剪两种表现形式。阳剪是在纸面上保留物象的结构，是实形；阴剪是在纸面上剪掉物象的结构，是虚形。阴剪与阳剪在一幅作品中同时出现时，可起到互相衬托、虚实互补的效果。

二、观察与讨论

欣赏吴文娟老师的作品（图3.1），说一说图中男孩和女孩的脸部在表现手法上有什么不同？

图3.1　相依相伴

三、总结

女孩五官以线为主,清秀;男孩五官以面为主,厚重。女孩的五官保留,为阳剪;男孩的五官剪掉,为阴剪。

(一)基础知识

何为阴剪和阳剪?

(1)阳剪保留物象的结构线。阳剪讲究线线相连,以线为主,看起来纤巧、秀丽(图3.2)。

(2)阴剪是把物象的结构线剪掉。阴剪讲究线线相断,以面为主,看起来厚重(图3.3)。

(3)优秀的剪纸作品需要阴剪与阳剪的和谐搭配(图3.4)。

图3.2 小姑娘　　　　　图3.3 小熊　　　　　图3.4 捶布

图3.5有趣吗?说一说它是怎样剪出来的?纹样的左侧和右侧有什么关系?哪里为阴剪,哪里为阳剪?

图3.5 树叶变化

说一说图3.6、图3.7中的哪些部分为阴剪,哪些部分为阳剪?讲述一下你对阴、阳的感受。

图3.6 聊斋人物剪纸:江城

图3.7 聊斋人物剪纸:嫦娥

(二)基本技巧

阴剪画法和阳剪画法(图3.8)。

（1）以树叶为例（单线画法作为参照）：

阳剪画法：将树叶单线画法变双线画法，线线相连。

阴剪画法：保持树叶外轮廓不变，但叶脉要用双线，并且线线相断。

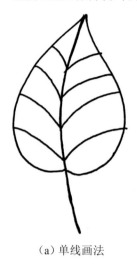  

（a）单线画法　　　　　　　（b）阳剪画法　　　　　　　（c）阴剪画法

图3.8　树叶

（2）其他图形画法示例（图3.9—图3.14）：

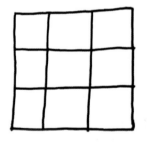  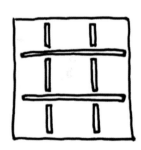

（a）单线画法　　　　　　　（b）阳剪画法　　　　　　　（c）阴剪画法

图3.9　网格

图3.10 花头（阳剪画法）

图3.11 贯钱纹、太阳纹（阳剪画法）

图3.12 小花（阳剪画法）

（a）单线画法　　　　　　　（b）阳剪画法　　　　　　　（c）阴剪画法

图3.13 男孩

(a) 单线画法　　　　　(b) 阳剪画法　　　　　(c) 阴剪画法

图 3.14　女孩

说一说图 3.15 所示图形中的哪一部分是阴剪画法,哪一部分是阳剪画法?

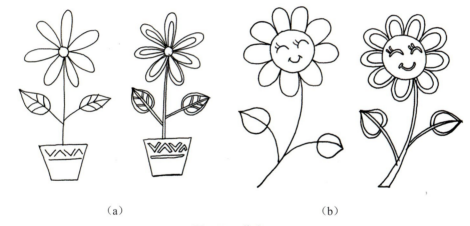

(a)　　　　　　　　　　　(b)

图 3.15　花卉

(三) 创作步骤

1. 范例 1

(1) 根据菠萝实物画出它的轮廓[图 3.16(a)]。

(2) 在菠萝的阴剪画法中,轮廓不用双线,注意叶子尽量不要有前后交叠的地方,平行摆开,叶与叶之间用双线形状隔开,下面的交叉纹阴剪时要断开[图 3.16(b)]。

(3) 在菠萝的阳剪画法中,轮廓全部为双线,里面的交叉纹也全部为双线[图 3.16(c)]。

（a）单线画法　　　　　　（b）阴剪画法　　　　　　（c）阳剪画法

图 3.16　菠萝

2. 范例2

（1）选择一张你喜欢的直发小姑娘图片，并用单线简笔画法画出女孩的轮廓造型[图3.17（a）]。

（2）阳剪的头发和脸部轮廓为双线[图3.17（b）]。

（3）用双线画出五官，头发只要提炼出竖式线条，将其变成双线并平面展开即可，完成阳剪画法[图3.17（c）]。

（4）阴剪的头部轮廓不需要使用双线，只需将每根头发用双线画出并独立排列即可[图3.17（d）]。

本例的主要难点是对头发进行简化处理。

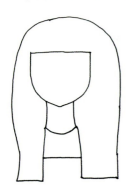
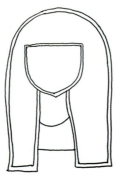

（a）单线画法　　　（b）阳剪画法（部分）　　　（c）阳剪画法　　　　（d）阴剪画法

图 3.17　小姑娘

(四)作业展示

1. 画稿

画稿作业示例如图3.18所示。

(a) 小人(阳剪画法)　　　　　　(b) 小羊(阳剪画法和阴剪画法)

(c) 小猪(阴阳剪结合画法)　　(d) 草莓(阴剪画法)　　(e) 小猪(阴剪画法)

(f) 乌龟(阴剪画法和阴阳剪结合画法)　　(g) 花卉(阳剪画法和阴剪画法)

图3.18　画稿作业示例

2. 剪稿

剪稿作业示例如图3.19所示。

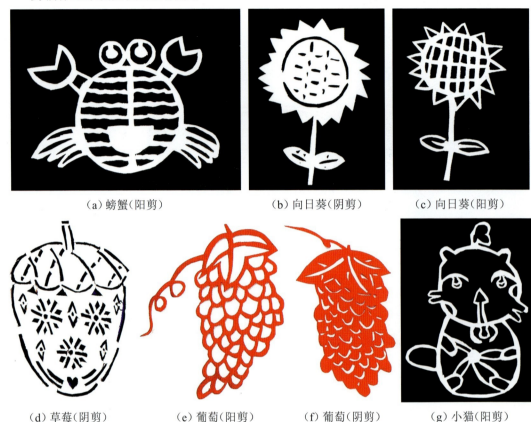

图3.19 剪稿作业示例

（五）创意无限

"一阴一阳谓之道。"阴和阳既相互对立又相互转化。剪纸艺术是研究阴阳关系的艺术。在图3.20所示的图形中，左右两边哪个为阴剪，哪个为阳剪？你知道这样的效果是如何做出来的吗？

（a）蝴蝶

（b）小姑娘

图3.20　作品展示

（六）学生作业卡

将你喜欢的动物、人物简笔画改编成阴剪画法、阳剪画法或者阴阳剪结合画法，每人完成3～4幅。

第四讲　剪纸中的文字画法

一、导言

在我国传统民间剪纸中，文字也是剪纸纹样的重要组成部分。像"福""禄""寿""喜""财"，以及一些语意吉祥的对联、话语等，它们和图案纹样一起构成老百姓表达美好祝愿的一种符号。例如，五只蝙蝠围绕着一个"寿"字叫"五福捧寿"；喜鹊和"春"字在一起叫"喜鹊闹春"。文字剪纸也有阴剪和阳剪两种表现形式。

二、观察与讨论

你能读出图4.1、图4.2中的文字吗？它们是阴剪还是阳剪？

图4.1　寿鱼

图4.2 喜猫

三、总结

可爱的小鱼和小猫身上装饰了"寿"字和双喜,看起来有图有意,可爱深情。文字根据其含义与花卉、动物等纹样相结合,充满了浪漫、真挚的艺术气息。

(一)基础知识

阳剪文字应保留字的结构线,将单线变双线,单个字笔画需要连着,多个字的组合也需要连着(图4.3);阴剪文字是把字的结构线剪掉,将单线变双线,笔画之间尽量断开(图4.4)。

图4.3 阳剪文字　　　　　　　　图4.4 阴剪文字

（二）基本技巧

如何设计阴剪、阳剪文字？

（1）阳剪文字是将单线变双线，笔画尽量连着（图4.5）。

（2）阴剪文字是将单线变双线，笔画之间尽量断开（图4.6）。

　　图4.5　阳剪"变"字　　　　　图4.6　阴剪"变"字

（三）创作步骤

1. 阳剪文字设计步骤

（1）用单线写出文字"校园"[图4.7（a）]。

（2）有意识地对"校园"两字的部分笔画进行拉长设计，并在笔画拉长过程中突出字的设计感[图4.7（b）]。

（3）将单线笔画变双线笔画，能连在一起的笔画尽量连上[图4.7（c）]。"连"的方式以不影响字的结构为标准，以产生"美"的视觉效果为原则。

　　　（a）　　　　　　　　　（b）　　　　　　　　　（c）

图4.7　"校园"阳剪设计

（4）其他范例：如果文字中散的笔画特别多，可以考虑将笔画变形或在字的周围加边框、字间的空隙中加花纹等方式，将散乱的笔画连接在一起（图4.8）。

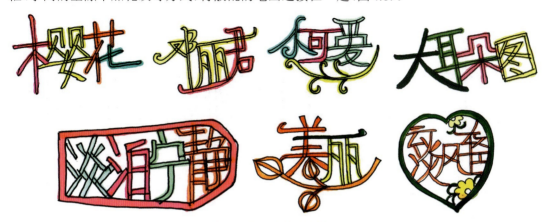

图4.8　其他文字阳剪设计1

（5）难点击破：对于三点水、四点水、三横、三竖等完全不连的笔画，以及上下左右复杂的文字结构，如"杰""沐浴""熊""闫""川""品""画"等，尽量用阴剪处理。如果非要用阳剪，那么可以采取连笔或加边框的方式，将其与其他字连在一起，结构复杂的字尽量通过变形连接（图4.9）。

图4.9　其他文字阳剪设计2

2. 阴剪文字设计步骤

（1）用单线写出"校园"[图4.10(a)]，笔画要有美感和设计感。

（2）将单线变成双线，笔画尽量断开，垂直或交叉的笔画也断开，彼此独立[图4.10(b)]。

(a)　　　　　　　　　　　　　(b)

图4.10　"校园"阴剪设计

（3）其他范例如图4.11所示。

图4.11　其他文字阴剪设计1

（4）难点击破："口"字有两种表现方法：一种是直接抠掉"口"，另一种是把轮廓勾出来剪掉[图4.12(a)]。"田"字也是如此[图4.12(b)]。

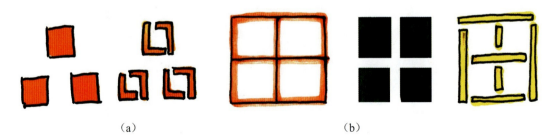

(a)　　　　　　　　　　　　　(b)

图4.12　其他文字阴剪设计2

在字的身体上进行一些线性的装饰,看起来会很有趣,只要装饰的线形不影响字的识读就可以,你能试一试其他的方式吗(图4.13)?

图4.13 阴剪文字"许娜"

(四)作业展示

画稿见图4.14,彩色部分为剪掉部分。

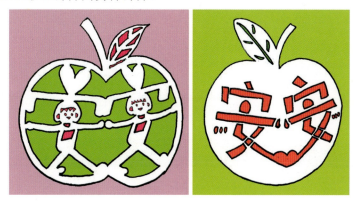

(a)阳剪(作者:牟晓萱)　　(b)阴剪(作者:牟晓萱)

图4.14 作业示例

(c)阴剪（作者：韩荣赟）　　（d）阳剪（作者：黄艺佳）　　（e）阳剪（作者：张琳）

(f)阳剪（作者：张晶晶）

(g)阳剪（作者：孟祥徽）

图4.14　作业示例（续）

（五）创意无限

将你的名字和不同的纹样结合起来进行创意（图4.15），使文字具有独特的美感和设计感。

（a）阳剪（作者：罗媛）

（b）阳剪（作者：房效迎）

（c）阴剪（作者：丁云云）

（d）阳剪（作者：闵慧）

图 4.15　作品展示

(e)阴剪(作者:苗苗)

(f)阳剪(作者:夏菲)

图4.15　作品展示(续)

(六)学生作业卡

将你的名字或家人的名字设计成一个阳剪图样和一个阴剪图样。

第二篇

剪一剪

第五讲　剪刀如何穿越纸面

一、导言

剪纸是左右手密切配合的艺术,右手行剪,左手转纸以配合剪刀的行进(左撇子相反)。剪纸不仅可以让左脑和右脑同时运转,还能在边想边剪的同时,达到手脑协调,让自信心和创造力得以不断提升。

二、观察与讨论

蝴蝶身上纹样众多(图5.1),你知道这是怎样剪出来的吗?

图5.1　蝴蝶

三、总结

蝴蝶身上的纹样都是由点、线、面组合而成的,看起来丰富多彩,每一个纹样都要将剪刀插入纸内,再把它们一个个掏剪而出。这需要两只手密切配合,你尝试过这样的方法吗?

(一) 基础知识

学会画点、线、面是学习剪纸的第一步,掌握剪点、线、面才是最终目标,剪可以对画做进一步修正。

(1) 如何在纸面上掏出直线、曲线、折线(图5.2、图5.3)? 直线与螺旋线沿箭头所指的方向逆时针剪下即可。在剪制曲线和折线时,纸张需要不断地左拐、右拐。左拐时剪刀需要从纸上面进,右拐时剪刀需要从纸底下进。剪刀的行进以感觉舒服为宜,不要教条。

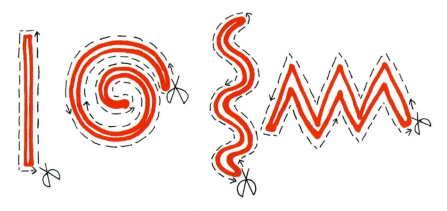

图5.2 按箭头方向逆时针剪下

图5.3 线剪稿

（2）点是缩小的面，两者剪法相同。

以圆为例：将剪刀插入纸张，沿着轮廓线逆时针行进，直到剪出图形（图5.4）。剪刀在纸上行进时以感觉舒服为宜。如果担心剪刀插入圆的边缘时纸张出现破损，那么可以将剪刀直接插入圆的中心位置，再剪到轮廓处，然后沿轮廓逆时针剪。

图5.4　逆时针剪

（二）基本技巧

剪纸的基本技巧包括剪轮廓、掏剪、破剪、折叠剪等。

（1）剪轮廓：沿着物象的轮廓直接剪下物象。

平时可以将不看的杂志、画报中的人物或其他造型沿轮廓剪下来，以训练手部在行剪时的控制能力（图5.5）。

图5.5　剪轮廓

(2)掏剪:剪纸中的大部分纹样都要用掏剪来完成。

以月牙纹为例:左手的大拇指和食指捏住纸,右手拿剪刀,将剪子打开,用下面的剪尖轻轻地插入,左手食指在纸底下顶住剪刀尖,感觉到剪刀插进去之后,右手行剪,左手配合转动纸张,沿线将图形剪下来。如剪得不均匀,则应进行适当修剪。

剪刀进入纸张后,通常逆时针行剪会感觉比较舒服;反之,则有时候纸张会转不动,造成行剪障碍。所以,在看到一个图形时,应先考虑在剪刀进入纸张后朝哪个方向行剪才能更加方便,不要盲目下剪。另外,为避免扎伤手指,可以用一块医用胶布缠裹左手食指,最重要的是在剪刀往纸里扎的时候,要轻轻地进,这样就不会发生意外(图5.6)。

图5.6 掏剪

(3)破剪:剪刀从轮廓的边缘直接进入并剪出纹样。

你能看出图5.7中的哪些部位是采用了破剪的手法吗?破剪手法不适宜剪面积太大的纹样,因为那样容易导致整个纹样不完整。

图5.7 破剪

(4)折叠剪:此剪法比较节省时间。

为了追求一些特殊的视觉效果,可在画面的局部将纸对折,然后重复剪直线或者斜线等,这样在展开后就会出现流光溢彩的艺术效果。图5.8中的小姑娘身上的衣服以及树叶、花卉、上下边框等都采用了此法。

(a)

(b)

图5.8 折叠剪:天籁心风

(5)剪制锯齿纹。

锯齿纹又称毛毛纹,一般由直线与锯齿纹或弧线与锯齿纹结合而成。锯齿纹分为直线锯齿纹和弧线锯齿纹。直线锯齿纹在剪制时要先剪直线,再从右往左剪锯齿;弧线锯齿纹要先剪弧线,再从右往左剪锯齿(图5.9)。锯齿纹可粗可细、可长可短,由无数形状、节奏相同的三角形构成,看上去挺拔俊秀,是剪纸中最具代表性的装饰纹样。

提示:在锯齿相交的点行剪时必须准确,一剪刀下去就应落下碎纸屑,而不要用手撕。

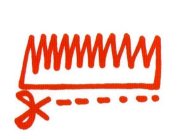

（a）直线锯齿纹　　　　　　（b）双面锯齿纹

（c）弧线锯齿纹

图5.9　锯齿纹

（三）创作步骤

以锯齿纹为例。锯齿纹是最难剪的剪纸纹样，也是使用率最高的剪纸纹样，熟练地掌握它对完成难度较高的剪纸作品有很大的帮助。

1. 直线锯齿纹范例

先剪直线，再剪锯齿。锯齿是通过剪两条相交斜线来完成的，相交的地方必须剪得干净利落（图5.10）。

图5.10 剪直线锯齿纹

2. 弧线锯齿纹范例

先剪弧线,再剪锯齿。因为弧线距离锯齿还有一定距离,所以可以先剪掉中间的白色部分,再从右往左剪下锯齿即可(图5.11)。

图5.11 剪弧线锯齿纹

3. 双面锯齿纹范例

剪开中线,先从一侧开始剪锯齿纹,然后再剪另一侧(图5.12)。

图5.12 剪双面锯齿纹

剪制锯齿纹不是用剪刀沿着锯齿拐来拐去地剪,而是剪刀始终沿一个方向,不断地剪斜线,通过剪两条相交斜线来完成单个锯齿的剪制。然后不断重复,直到完成所有的锯齿剪制(图5.13)。

图5.13 剪相交线

4. 锯齿纹装饰范例

锯齿纹装饰范例如图5.14所示。

(a)我赞美世界　　　　　　　　(b)生如蚁、美如神

图5.14 锯齿纹装饰范例

(四)作业展示

作业示例如图5.15所示。

（a） （b） （c）

图 5.15 作业示例

（五）创意无限

图 5.16 所示的团花剪纸中的纹样均是由点、线、面构成的，大量几何图形的连续重复、运动、变化，产生了极具韵律感的视觉效果。图中的所有纹样都运用了掏剪技法，一个个复杂的纹样从纸面镂空而出，虽然会花费大量时间，但却可以培养同学们耐心细致的做事习惯。你愿意试一试吗？

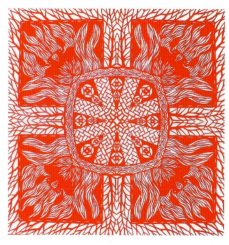 

（a）繁花似锦 （b）生命

图 5.16 作品展示

（六）学生作业卡

将一张A4纸沿上下、左右各对折一次，运用点、线、面、锯齿纹等基本纹样在纸上任意绘制20个以上的图形，自由发挥，直到将纸面填满为止，最后将图形剪出来。

第六讲　纹样的组织与变化

一、导言

剪纸纹样丰富多彩，除了固定的程式化纹样之外，还可通过点、线、面的任意组织和变化来构造出各种生动的纹样。掏剪是剪纸中最常用的剪制技法，它的特点是将剪刀插入纹样，沿轮廓线逆时针旋转，然后剪制出纹样。此外，利用掏剪技法先在纸上破开一个洞或一条线，再以这个洞或线为基础，在它的上下、左右或四周剪出有秩序的纹样，这样会产生更加丰富的视觉效果。

二、观察与讨论

图6.1所示的蝴蝶剪纸中的装饰纹样都是某些纹样的有序重复，你能说出有哪些纹样吗？它们这样组织好看吗？

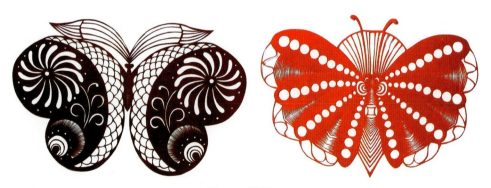

图6.1　蝴蝶1

请你说一说图6.2中的蝴蝶纹样是怎样剪出来的?

图6.2　蝴蝶2

三、总结

除了在纸上掏洞之外,还有更有趣的方式,那就是纹样变形。先破开一个洞或者一条线,再在它的上下、左右或四周进行纹样的重复排列,依次递进,最后可产生令人意想不到的艺术效果。这样的方式不仅节省时间,还具有很好的艺术表现力。

(一) 基础知识

"道生一,一生二,二生三,三生万物。"本讲介绍如何省时省力地组合一个由点、线、面构成的复杂纹样群。

点、线、面如何变换花样?通过点变成圈,单线变成双线(包括直线、曲线、折线等),规则面与不规则面的转换,以及重复的和有节奏的排列来实现纹样的丰富变化。

(二) 基本技巧

在纸上画一个圈,然后在其周围进行直线、曲线或折线的放射状重复排列,再以每一条放射状的线为基线,在它的两侧或一侧进行线的重复排列,直到你满意为止(图6.3)。

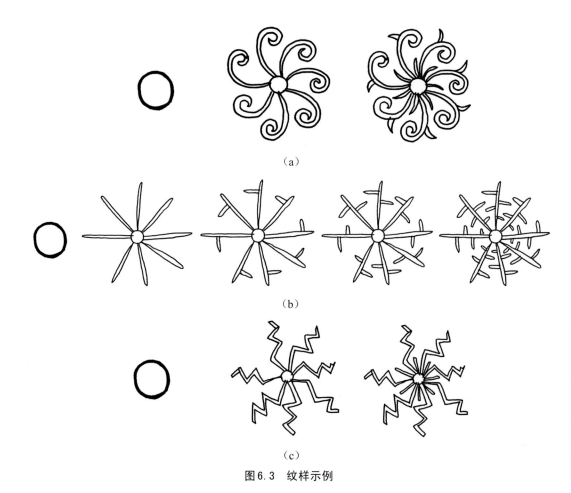

图6.3 纹样示例

在纸上画一条弧线,在弧线的两侧分别画由长到短依次排列的弧线,再以每一条弧线为基线,在其两侧分别画出交叉排列的弧线(图6.4)。

图6.4 弧线纹样

（三）创作步骤

1. 线变化

范例1：

破开一条竖线，以竖线为基线，在其两侧分别剪出有秩序的斜线；再以每一条斜线为基线，在它的两侧继续剪出细长的三角形小叉；最后以小叉为基础，在它的两侧分别剪出更小的细叉（图6.5）。

怎样剪、剪什么纹样，完全取决于你自己。

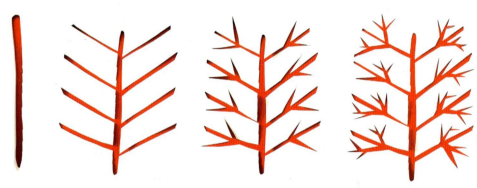

图6.5 斜线纹样

说一说图6.6中的纹样是怎样剪出来的？

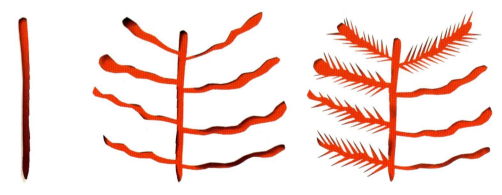

（a）

图6.6 组合线条纹样

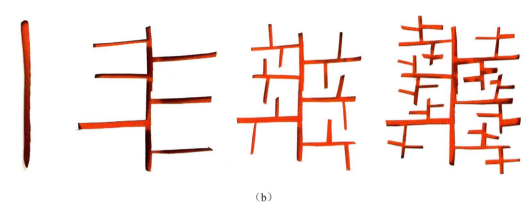

（b）

图6.6 组合线条纹样（续）

范例2：

在纸上破开一条弧线，在弧线的右侧剪出锯齿纹，再在弧线的左侧剪出数条放射状直线，然后以每一条直线为基线，在其左侧剪出一条小斜线，最后在直线的右侧剪出小斜线[图6.7(a)]。

右侧同样是锯齿纹，其左侧也可以剪出其他样式的有秩序的纹样[图6.7(b)]。

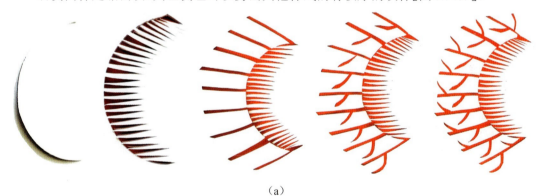

（a）

图6.7 纹样剪制

（b）

图6.7 纹样剪制（续）

说一说图6.8中的纹样是怎样剪出来的？

（a）

（b）

图6.8 纹样范例1

2. 面变化

在纸上破开一个圆,以圆为基点,在它的四周剪出若干条长直线,再以长直线为基线,在其两侧分别剪出若干条由长到短的斜线(图6.9)。

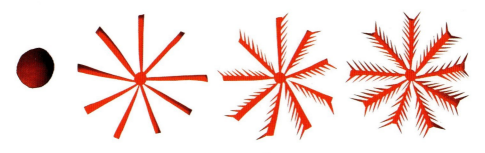

图6.9　纹样范例2

说一说图6.10中的纹样是怎样剪出来的?

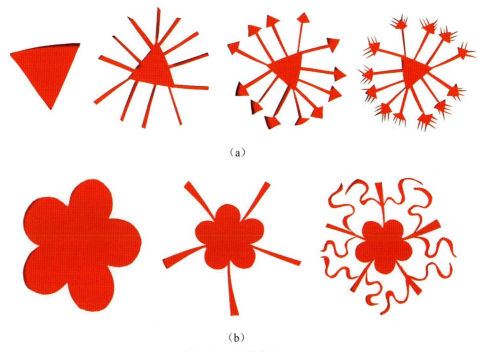

(a)

(b)

图6.10　纹样范例3

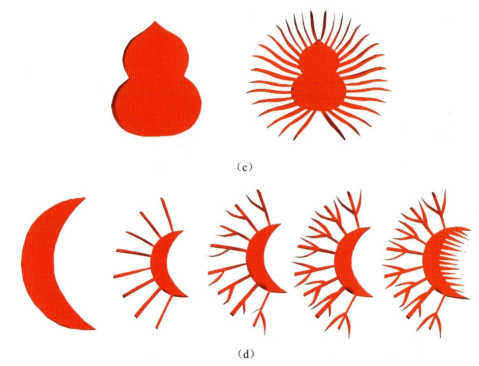

(c)

(d)

图6.10 纹样范例3(续)

(四)作业展示

作业示例如图6.11所示。

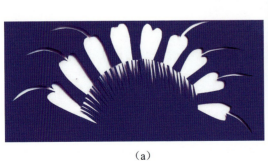

(a)　　　　　　　　　(b)

图6.11 作业示例

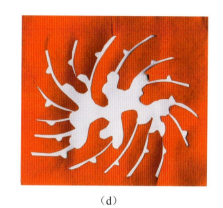

（c） （d）

图 6.11　作业示例（续）

（五）创意无限

剪纸的美感和秩序感来自纹样的独特变化，除了单个纹样的重复排列之外，遵循"道生一，一生二，二生三，三生万物"，在纸上进行各种形式的自由"探索"和"破坏"，往往能够收获意想不到的效果，让我们在纸上"胡作非为"一次吧（图6.12）！

（a）　　　　　　　　　　（b）　　　　　　　　　　（c）

图 6.12　作品展示

（六）学生作业卡

用点、线、面进行纹样变形，每人进行3个以上复杂图形的训练。

第三篇

变一变

第七讲 对称剪纸（简单图形）

一、导言

剪纸按用纸方式可分为折叠剪纸和自由剪纸两大类。折叠剪纸包括对称剪纸、二方连续剪纸、团花剪纸等，其原理是将纸折叠几层，在剪完后就会出现几个连续重复的纹样。折叠剪纸具有"事半功倍"的效果，对称剪纸是折叠剪纸中最基础的一种。

二、观察与讨论

图7.1、图7.2中的两个图形都是将纸对折后画出来的剪纸纹样，你知道在剪完打开后，两个图形会有什么不同吗？

图7.1　左右对称

图7.2　上下对称

三、总结

对称剪纸既可以是一个物象的左右对称,也可以是一个物象的上下对称。左右对称的蝴蝶纹样在设计时连接点在左侧,上下对称的鹅纹样在设计时连接点在下方。

(一)基础知识

将一张大小适中的纸对折,剪出物象的一半即可。一切对称图形都可以用此方法(图7.3、图7.4)。剪半个图形,打开是一个图形;剪一个图形,打开是一对图形。

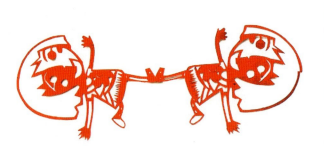

图7.3　左右对称

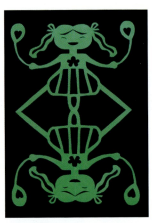

图7.4　上下对称

(二)基本技巧

简单的对称图形如飞鸟、游鱼、昆虫、树木、花卉、水果等。对称剪纸的绘制方法一般是先用单线简笔画法画出物象,然后根据要求将其改成阴剪画法、阳剪画法或阴阳混剪画法。阳剪是保留结构线,将所有单线变双线,线线相连;阴剪是剪掉结构线,图形外轮廓不变,内部纹样单线变双线,线线相断(图7.5—图7.8,彩色部分为剪掉部分)。

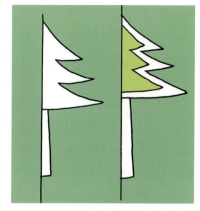

图 7.5　小松树(单线画法和阳剪画法)

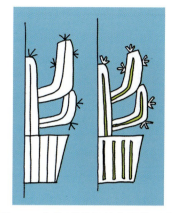

图 7.6　盆栽(单线画法和阴剪画法)

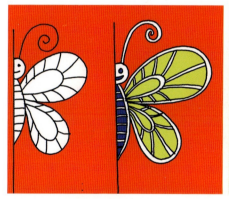

图 7.7　蝴蝶(单线画法和阳剪画法)

图 7.8　小熊(单线画法和阴剪画法)

(三)创作步骤

对称剪纸既可以脱稿剪,也可以画稿剪。脱稿剪重在用心造型,心手统一,先直接剪出轮廓,再剪里面的纹样;画稿剪是根据画稿用剪刀进行修改剪制,可以先剪里面的纹样,最后剪轮廓。

下面以脱稿剪动物为例,详细介绍一下对称剪纸。

1. 剪制熊猫

(1)将一张正方形的纸对折[图7.9(a)]。

(2)剪出熊猫的外部轮廓[图7.9(b)]。

(3)剪出熊猫的五官和身体的内部结构[图7.9(c)—图7.9(f)]。

(4)在内部结构上装饰锯齿纹样[图7.9(g)、图7.9(h)]。

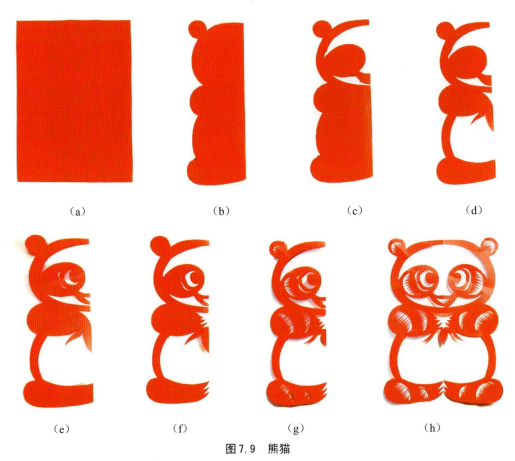

图7.9 熊猫

2. 剪制鱼

(1)将一张正方形的纸对折[图7.10(a)]。

(2)剪出鱼的外部轮廓[图7.10(b)]。

(3)用基本纹样勾勒出鱼的头部、腹部和尾部[图7.10(c)、图7.10(d)]。

(4)在鱼肚子上装饰荷花,寓意"连年有余"[图7.10(e)、图7.10(f)]。

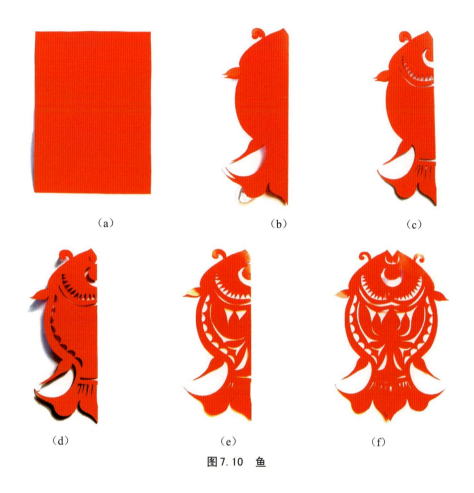

图 7.10 鱼

（四）作业展示

你能看出图 7.11 中的小猫肩膀上的花纹、小鹿身体上的线形装饰和小兔子胸部的放射状纹样分别采用了哪种剪纸技巧吗？

（a）小猫　　　　　　　　（b）小鹿　　　　　　　　（c）兔子

图 7.11　作业示例

（五）创意无限

剪纸的功夫来自熟能生巧，很多民间巧手都是完全不用画稿的，直接下剪刀，随着心情的起伏和思维的游走将"隐藏"在纸中的形象一个个拖拽出来，用"神来之笔"创作出一道道亮丽的风景，充满了"意料之外"的"偶然性"，这就是人们常说的信天游手法。

图 7.12 中的两幅图都是脱稿剪制的作品，看上去随心所欲，完全不受任何规则的束缚。你喜欢这样的作品吗？试一试吧。

（a）无题　　　　　　　　（b）小女孩

图 7.12　作品展示

（六）学生作业卡

从图7.13提供的图例中选择你喜欢的剪一剪，也可以自由创意。

（a）小花（简笔画法和阴阳剪结合画法）

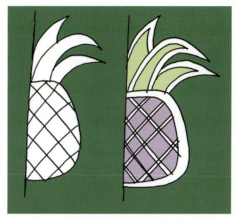

（b）菠萝（简笔画法和阳剪画法）

（c）花瓶（单线画法和阴剪画法）

（d）树（单线画法和阴剪画法）

图7.13　画法范例

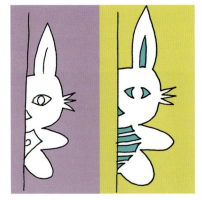 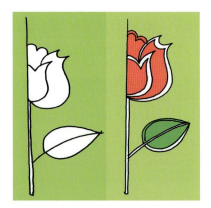

（e）小兔（单线画法和阴剪画法）　　　　（f）小花（单线画法和阳剪画法）

图7.13　画法范例（续）

第八讲　对称剪纸（小姑娘）

一、导言

小姑娘是经典的对称图形，造型有趣可爱，可塑性强。本讲主要通过对小姑娘的造型进行分析及纹样设计与组织，使同学们掌握对称人物剪纸的设计方法与剪制要点，并通过自己的想象与创意剪出天真烂漫的小姑娘。

二、观察与讨论

观察图8.1，分析小姑娘的造型由几部分构成？最适合夸张和装饰的部位是哪里？哪里为阴剪，哪里为阳剪？

图8.1　小姑娘

三、总结

小姑娘的造型由头部、颈部、身体、四肢构成。

剪出的小姑娘头部一定要夸张,超出正常的身体比例,头部当中,眼睛要大一点才更显得可爱。小姑娘的发型和衣服是装饰的变化重点,小姑娘无论是卷发、直发,还是长辫子,均可以夸张,衣服既可以是裙子,也可以是其他服饰。可以自由发挥自己的想象力,让其成为你心目中最美的样子。

(一) 基础知识

本讲是上一讲的延续,将一张大小适中的纸对折,剪出物象的一半即可获得一个完整的物象。小姑娘的造型相对复杂,要对其进行阴剪与阳剪的设计(图8.2)。

(a) 阳剪　　　　　　　　　　(b) 阴剪

图8.2　小姑娘

提示:将纸对折,画出半个物象,剪出后打开是一个完整的物象;若画出一个物象,则剪出后打开是一对物象;若画出一个半物象,则剪出后打开是三个物象。以此类推。

（二）基本技巧

本讲的重点是阴剪与阳剪的密切配合，其中面部的阳剪设计和剪制是最大的技术难点。需要注意的是，小姑娘从面部轮廓到五官都需要使用双线，只有做到线线相连才能让五官不会掉落。阴剪中的面部轮廓不需要使用双线，只需要将五官独立成互不相连的个体并剪掉即可，所以相对容易一些。

（1）小姑娘头部绘制技巧（阳剪），如图8.3所示。

图8.3　阳剪画法

（2）小姑娘头部绘制技巧（头发为阴剪，脸部为阳剪），如图8.4所示。

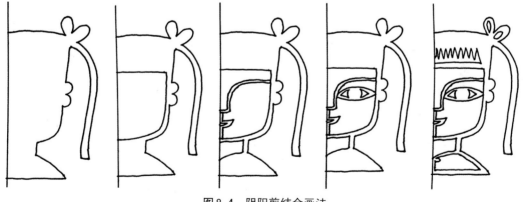

图8.4　阴阳剪结合画法

（3）小姑娘头部设计技巧，如图8.5所示。

图 8.5　头部设计技巧

图 8.6 所示的 4 幅作品都是脱稿剪制的小姑娘形象,剪纸纹样率性自由,点、线、面搭配合理自然。画面以阴剪为主、阳剪为辅,并融合了掏剪、破剪、折叠剪等多种技法,你觉得有趣吗?

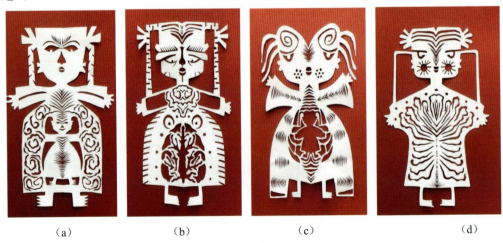

　(a)　　　　　　　(b)　　　　　　　(c)　　　　　　　(d)

图 8.6　脱稿剪制示例

(三) 创作步骤

(1) 将一张大小合适的纸对折(也可以一次对折 2~3 张纸,这样就可以一次剪出几个小姑娘),在有折痕的位置画出小姑娘的一半轮廓[图 8.7(a)]。

（2）用阴剪画法画出小姑娘的五官和刘海［图8.7（b）］。
（3）用阴阳剪结合的画法画出小姑娘裙子上的纹样［图8.7（c）］。
（4）按照由内到外、由小到大的顺序依次剪出形象［图8.7（d）］。
（5）展开，完成创作［图8.7（e）］。

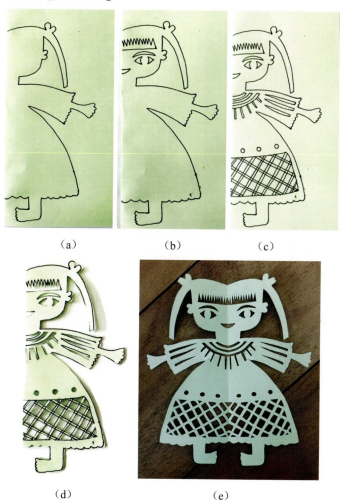

图8.7　剪制示例

（四）作业展示

作业示例如图8.8所示。

图8.8 作业示例1

说一说图8.9所示剪纸是怎样折叠出来的？

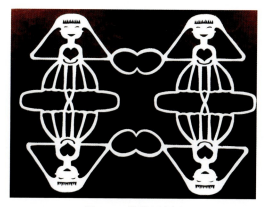

图 8.9 作业示例 2

（五）创意无限

图 8.10 所示的两幅剪纸采用了"节外生枝"的方式进行创作，在小姑娘基本结构保持完整的前提下，在身体的各部位之外进行了有趣的想象和添加，使其产生了更加丰富、生动的艺术效果。你能试试吗？

（a）　　　　　　　　　　（b）

图 8.10　女孩

（六）学生作业卡

临摹图8.11所示的6幅图，并选择你喜欢的图进行剪制。

图8.11　剪纸画范例

提示：面部是剪制的重点，尤其是需阳剪的脸部，要先从眼睛里的眼白处开始剪。

第九讲　二方连续剪纸

一、导言

二方连续剪纸是以对称剪纸为基础，在上下或左右两个方向上连续重复。它分为横式二方连续剪纸和竖式二方连续剪纸，一般横式二方连续剪纸用得多一些。连续纹样具有连续性、秩序感和节奏感，有很好的装饰性。

二、观察与讨论

观察图9.1、图9.2，分析二方连续剪纸的特点是什么？两幅图分别折叠了几层纸？其中设计的纹样是哪一部分？

图9.1　小鹿（三折8层纸）

图9.2　小猪（两折4层纸）

三、总结

二方连续剪纸纹样具有连续重复的特点,有很强的节奏感和秩序感,纹样之间必须加以连接。

(一)基础知识

以一个或一组单位纹样向上下或左右循环往复、无限延长的连续纹样称为二方连续纹样。一般情况下,二方连续纹样呈带状,上下连续称为"纵式"(图9.3),左右连续称为"横式"(图9.4)。

图9.3 纵式

图9.4 横式

（二）基本技巧

二方连续剪纸的基本技巧主要包括折叠方法、纹样设计、剪制三个部分。折和剪相对简单，最大难点在于纹样的骨式设计。

1. 折叠与纹样绘制

将一张长方形纸反复对折，一般以8～16层为宜。在折好的纸上画出物象的一半或全部，图形分对称式和不对称式两种，注意左右两边都须有连接点（箭头所指），剪完展开后就是相互连接的连续纹样（图9.5—图9.7，彩色部分为剪掉部分）。

图9.5　三折8层折叠　　　图9.6　不对称菊花完整图形　　　图9.7　对称蝴蝶一半图形

2. 基本骨式

基本骨式有散点式、倾斜式、垂直式、平行式等，每种形式可有多种排列方式。

3. 画图范例

画图范例如图9.8—图9.11所示。

 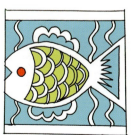  

图9.8　垂直式　　　图9.9　平行式　　　图9.10　倾斜式　　　图9.11　散点式

提示：垂直式打开后都是并列垂直的图形；平行式打开后图形是头对头、尾对尾；倾斜式打开后图形是折线连续；散点式打开后图形是一大一小连续。

4. 剪纸实物范例

剪纸实物范例如图9.12—图9.16所示。

(1) 平行式两折4层小鱼（面对面、尾对尾）。

图9.12　小鱼

(2) 倾斜式两折4层加边框树叶（折线连续）。

图9.13　树叶

(3) 散点式两折4层加边框花纹[一大一小连续，图9.14(a)、图9.14(b)]。你知道图9.14(c)中的小姑娘是几折吗？

（a）

（b）

（c）

图9.14　花朵和小姑娘

（4）横式三折8层加边框双喜（8个图形的横式连续）。

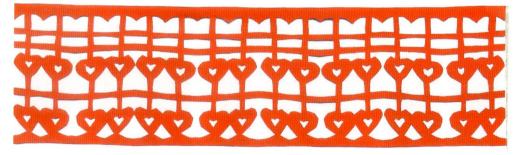

图9.15　双喜

（5）横式两折4层小马（4个图形面对面、背对背）。

图 9.16 小马

纹样设计可以是半个、一个、一个半或两个。以三折8层为例:半个纹样打开是4个;一个纹样打开是8个;一个半纹样打开是12个;两个纹样打开是16个。纹样既可以加边框,也可以不要边框。加边框的优点是纹样的连接更紧密,看起来更有秩序;不加边框要求纹样左右两边的连接点一定要足够稳固。

（三）创作步骤

以两折4层纵式二方连续剪纸为例:

(1) 在两折4层的纸上画出一只天鹅,天鹅的上下折痕处要有连接点[图9.17(a)]。

(2) 完成纹样镂空剪制[图9.17(b)]。

(3) 打开是一对天鹅[图9.17(c)]。

(4) 再打开是两对天鹅,天鹅头对头、腹对腹[图9.17(d)]。

(a)

(b)

(c)

(d)

图9.17 天鹅

竖式二方连续剪纸纹样的上下要有连接点，横式二方连续剪纸纹样的左右两侧必须有连接点，每侧至少有两个连接点才能稳固。"连"是设计时的思考重点。

（四）作业展示

作业示例如图9.18所示。

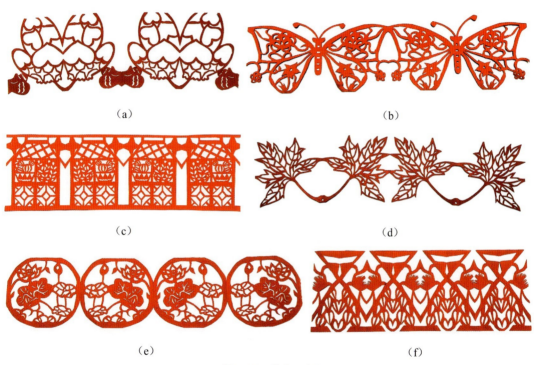

图9.18　作业示例

（五）创意无限

图9.19所示作品采用了两折4层折叠法，只剪了纹样的1/4（一个侧面的人和半朵牡丹花），就实现了4个人物两两相对的画面效果。但是原本应该对称连续的两个女孩的面部却有一些差异，你能说一说这是怎样做出来的吗？

 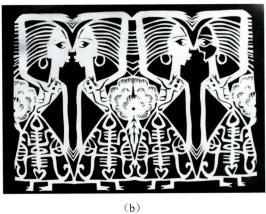

(a)   (b)

图9.19　作品展示

（六）学生作业卡

从图9.20—图9.22中选择你喜欢的图形并进行临摹，或者用你喜欢的植物、动物、人物等进行排列方式设计（不少于3个）。

（a）   （b）   （c）

图9.20　半个图形的设计

（a） （b）

图9.21 一个图形的设计

图9.22 半个图形的设计（两个物象）

第十讲　团花剪纸

一、导言

团花剪纸在民间用途广泛，可以用作节日的装饰、婚礼的喜花、贺礼的礼花、年节的窗花等。人们常用"花好月圆""合家团圆"等对圆形作隐喻，团花剪纸被赋予了形象之外的美好寓意。

二、观察与讨论

观察图10.1所示的两幅团花剪纸，分析它们和二方连续纹样的连续方式有什么不同？纹样具有哪些特点？

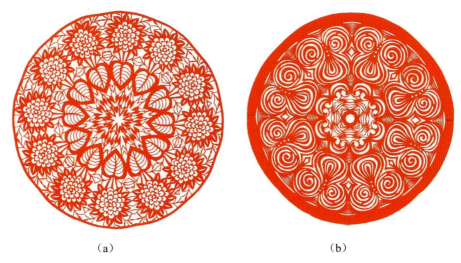

（a）　　　　　　　　　　　（b）

图10.1　团花剪纸

三、总结

二方连续剪纸和团花剪纸都属于折叠剪纸。二方连续剪纸是在上下或左右两个方向上连续重复,团花剪纸是可圆可方的团状连续重复,它们的相同点是需要先折叠后剪制,纹样具有重复性、秩序性的特点。纹样的阴阳处理与有趣连接是设计时的思考重点。

(一)基础知识

团花剪纸也称折叠剪纸,造型主要为"团状",就是将一张正方形纸多次折叠之后,以正方形纸的中心点为辐射点,将纸分成若干等份,只在其中一份上设计图案和进行制作,然后在上面剪制图形。每个图形自成单元,且相互连接,展开后便形成一幅或圆或方的连续重复的剪纸纹样(图10.2)。

图10.2　三折8层,一半蝴蝶造型(方形加边框,箭头处为连接点)

(二)基本技巧

团花剪纸的基本技巧主要集中在折叠方法、纹样设计、剪制三个部分。折和剪相对简单,最大的难点是纹样设计。

纹样设计包括主次和阴阳两个方面,主要纹样是指以人物、动物、花卉等为对象,占据画面主要部位的图形。因为团花剪纸的特点是线线相连,所以在确定了主体纹样后,就要对主体纹样的上下、左右做过渡性连接,连接的"工具"是辅助纹样。辅助纹样用来衬托主体纹样,既可以是一些毫无意义但造型美观的连续线条,也可以是一些枝叶、藤蔓等。总之,"连"需要技巧和经验,只要"好看"就达到了初步的学习目的。

在图10.3、图10.4中(彩色部分为剪掉部分),你能找出纹样的连接点吗?

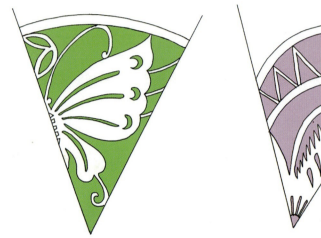
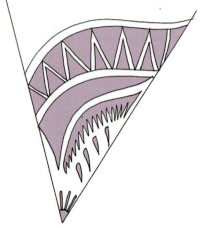

图10.3　四折10层圆形蝴蝶团花　　　图10.4　三折8层不规则花卉团花

(三) 创作步骤

团花的制作方法简单易学,关键在于掌握几种不同的折叠方法和纹样组织规律。一般而言,纸的层数过多会让剪刀难以操作,而层数少的团花剪纸的连续性不强,所以在团花剪纸中,使用频率最高的折叠方法是三折6层、三折8层、四折10层和四折12层。

以下介绍团花的折叠方法与纹样设计。

1. 三折6层团花剪纸步骤

(1) 将一张正方形纸沿一条对角线折叠,再对折一次,找出斜边上的中点后展开,恢复到三角形(正方形的一半大小)状态[图10.5(a)]。

(2) 以三角形斜边的中心点为轴心,将三角形分为三个等角,每个角60°[图10.5(b)]。

(3) 在折好的三角形上绘出完整的单朵花卉纹样,两侧用弧线连接[图10.5(c)]。

(4) 由内而外完成剪制[图10.5(d)]。

(5) 展开后便会出现由6朵连续花卉构成的团花纹样[图10.5(e)]。

(6) 在折好的三角形上绘出一半的蝴蝶纹样[图10.5(f)]。

(7) 完成剪制[图10.5(g)]。

(8) 展开后便会出现由3只完整蝴蝶构成的团花纹样[图10.5(h)]。

在折好的1/6面上画出一个完整的图形,剪完后便会出现6个完整的连续图形;如果是画出半个图形,那么剪完后便会出现3个完整的连续图形。

提示:纹样之间要线线相连,否则打开后无法连成一体。

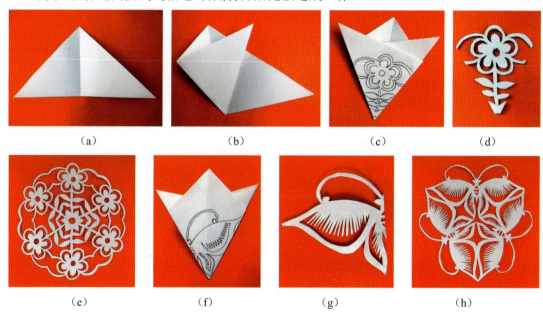

图10.5 三折6层团花剪纸

2. 三折8层团花剪纸步骤

(1) 将一张正方形纸沿一条对角线折叠一次[图10.6(a)]。

(2) 以斜边上的中线为轴线再折叠一次[图10.6(b)]。

(3) 以斜边上的中线为轴线再折叠一次,叠成一个直角三角形[图10.6(c)]。

(4) 绘出完整的鱼图样,两侧用弧线连接,由内而外完成剪制[图10.6(d)]。

(5) 展开后便会出现由完整的8条鱼构成的连续团花纹样[图10.6(e)]。

（6）在折好的直角三角形上绘出半只蝴蝶[图10.6(f)]。

（7）由内而外完成剪制[图10.6(g)]。

（8）展开后便会出现由4只完整的蝴蝶构成的连续团花纹样[图10.6(h)]。

在折好的1/8面上画出一个完整的图形，剪完后便会出现8个完整的连续图形；如果是画出半个图形，那么剪完后便会出现4个完整的连续图形。

提示：纹样之间要线线相连。如果要剪一个方形团花，那么只需用三折8层折叠法即可。

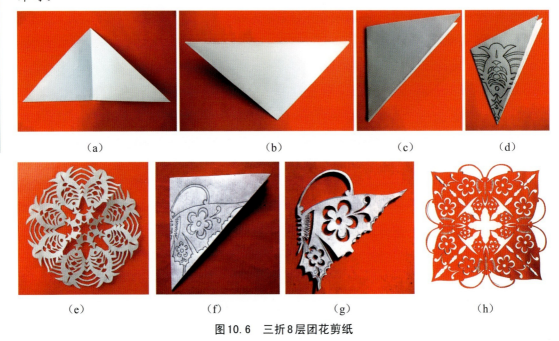

图10.6　三折8层团花剪纸

3. 四折10层团花剪纸步骤

（1）将一张正方形纸沿一条对角线折叠，再对折一次，找到斜边上的中点后展开，恢复到三角形（正方形的一半大小）状态[图10.7(a)]。

（2）以三角形斜边的中点为中心点进行折叠，使折叠部分的顶角为72°[图10.7(b)]。

（3）将折叠的部分再对折一次[图10.7(c)]。

（4）预留部分正好与对折部分重合，将三角形分为5个等角，每个角36°。接着绘出完整的树叶图样[图10.7(d)]。

（5）完成剪制[图10.7(e)]。

（6）展开后即得由完整的10片树叶构成的连续团花纹样[图10.7(f)]。

（7）在折好的三角形上绘出半片梅花瓣[图10.7(g)]。

（8）完成剪制[图10.7(h)]。

（9）展开后即得由5片完整花瓣构成的梅花团花图案[图10.7(i)]。

在折好的1/10面上画出一个完整的图形，剪完后便会出现10个完整的连续图形；如果是画出半个图形，那么剪完后便会出现5个完整的连续图形。

你能试着用剪梅花的方法剪出一个五角星吗？

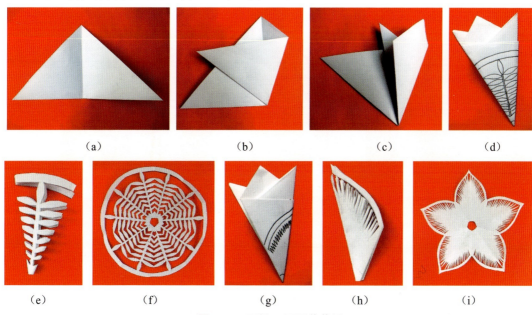

图10.7　四折10层团花剪纸

4. 四折12层团花剪纸步骤

（1）在三折6层的基础上再整体对折一次，绘出完整的花卉图样[图10.8(a)]。

（2）完成剪制[图10.8(b)]。

（3）展开后即得由完整的12朵连续花卉构成的团花纹样[图10.8(c)]。

(4) 在折好的三角形上绘出半个树叶图案[图10.8(d)]。

(5) 完成剪制[图10.8(e)]。

(6) 展开后即得由完整的6片树叶构成的连续团花纹样[图10.8(f)]。

在折好的1/12面上绘出一个完整的图形,剪完后便会出现12个完整的连续图形;如果是画出半个图形,那么剪完后便会出现6个完整的连续图形。

提示:纹样之间要线线相连。剪制团花之前先用订书机将纸固定,以免在剪制过程中出现上下层错位。

大一点的团花的剪制难点是,手难以够到中间部分的纹样,需要在中间纹样的空隙处先掏出一些洞,以便将左手伸进去捏住纸张。由内而外,先剪小的纹样,再剪大的纹样。

(a)   (b)   (c)

(d)   (e)   (f)

图10.8 四折12层团花剪纸

（四）作业展示

作业示例如图10.9所示。

图10.9 作业示例

（五）创意无限

你能看出图10.10所示的两幅剪纸一共折了几层吗？其中包括了哪些纹样？你觉得这样的作品有趣吗？

图 10.10 作品展示

（六）学生作业卡

图 10.11 所示的纹样都是未完成的（彩色部分为剪掉部分），你能巧妙地将它们连接在一起吗？你能设计出更有趣的造型吗？

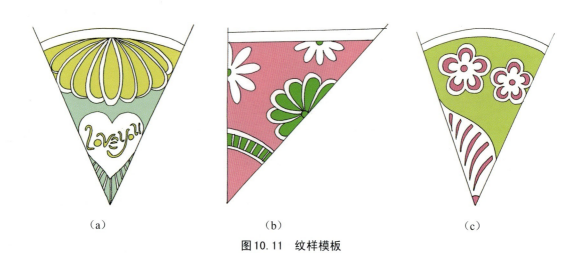

图 10.11 纹样模板

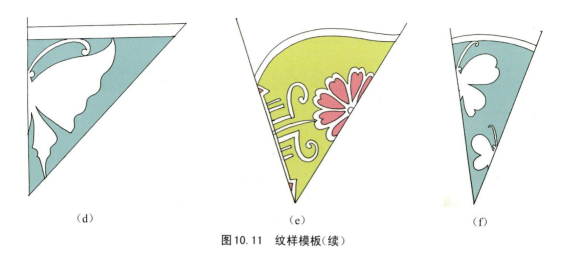

（d） （e） （f）

图 10.11 纹样模板（续）

提示：训练团花剪纸，可以在画稿剪和脱稿剪之间来回转换。画稿剪是为了熟悉团花剪纸纹样的设计方法，而脱稿剪是为了训练即兴造型的能力。脱稿剪虽然在初期难度较大，但在适应之后，就会有更多的惊喜不断涌现在作品中。

第三篇 变一变

第十一讲　如何创意美丽的大团花

一、导言

小团花纸面较小,可以自由剪制。而一幅美丽的大团花要求层次分明、结构清晰、纹样丰富,它需要创作者对画面进行独特的构思和创意。

二、观察与讨论

图11.1所示为两幅大团花的折叠剪稿,你能看出设计者把画面分成了几部分吗?它们是怎样划分层次的?主体纹样是什么?哪一部分是阴剪、哪一部分是阳剪?

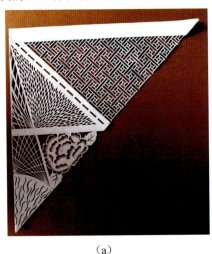
（a）

（b）

图11.1　折叠剪稿

三、总结

本讲是上一讲内容的延续，上一讲注重技巧的应用，本讲则强调设计感和阴阳的搭配，内容更丰富。团花的轮廓一般为方形或圆形，既可以是有轮廓的方形或圆形，也可以是没有轮廓的方形或圆形。团花的内部要有结构线，结构线一般相对较粗，可以是方形或圆形，也可以是其他任意形状，尤以外轮廓线最粗。

（一）基础知识

团花剪纸也称折叠剪纸，造型主要为团状，就是将一张正方形纸多次折叠之后，以正方形纸的中心点为辐射点，将其分成若干等份，只在其中一份上设计图案并进行制作，然后在上面剪制图形。每个图形自成单元，相互连接，展开后便形成一幅或圆或方连续重复的剪纸作品。

（二）基本技巧

本讲介绍的技巧主要体现在大团花的设计步骤中，分两个方面。

1. 划分结构

简单地说，划分结构就是将团花划分为几个部分。结构线指的是团花各个部分之间的间隔线，其中外轮廓线最粗，里面的线相对较细。根据纸的大小可以将团花结构划分为2~5层。纸越大，结构层数可以越多。结构类似于一个段落的总结，可以让团花层次更加分明。

图11.2为2~5层团花平面结构示意图，其中的彩色三角部分为纹样设计区域。

(a) 外方内圆内菱内方(4层结构)　(b) 外圆内方(2层结构)

图11.2　2~5层团花平面结构

（c）外方内方（2层结构）　　　（d）外方内圆（2层结构）

（e）外方内方内方内圆（4层结构）（f）外圆内圆内菱内方（4层结构）

（g）外圆内圆（2层结构）　　　（h）自由造型（5层结构）

图11.2　2~5层团花平面结构（续）

说一说图11.3中的两幅团花平面结构划分了几个部分？哪些是结构线？

(a)外圆内圆内圆　　　　　　　(b)外方内方内圆

图11.3　团花

2. 团花的纹样设计与组织

团花的纹样分主体纹样、装饰纹样和吉祥纹样。其中,主体纹样较大并占据画面的重要部位,以植物、动物、人物或者吉祥的文字为主;装饰纹样为主体纹样之外的枝叶、藤蔓或者点、线、面的连续重复;吉祥纹样是从古代流传下来的具有美好寓意的特殊符号。

(1) 常用吉祥符号的手绘阴剪画稿和阳剪画稿(图11.4,彩色部分为剪掉部分)。

(a)团"福"字纹象征幸福　　　　　　　(b)"万"字纹象征太阳、生生不息

图11.4　团花吉祥符号

（c）回纹（回纹的一种变形，象征富贵不断头）

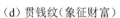

（d）贯钱纹（象征财富）　　　　　　　（e）"寿"字纹（象征长寿）

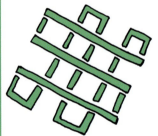

（f）盘肠纹（象征连绵不断）

图11.4　团花吉祥符号（续）

　　吉祥符号既可以单独出现在团花纹样中，也可以作为画面中的"绿叶"，以连续重复的方式出现。你能看出图11.5所示的两幅团花剪纸中有哪些吉祥符号吗？

(a)连年有余　　　　　　　　(b)石榴多子

图11.5　吉祥符号在团花剪纸中的应用

吉祥符号在其他剪纸作品中的应用(图11.6)。

(a)石榴("万"字纹装饰)　　　　(b)喜(贯钱纹、"万"字纹装饰)

图11.6　吉祥符号在其他剪纸作品中的应用

(2)装饰纹样既可以是由点、线、面或吉祥符号自由组合而成的连续性纹样,也可以借鉴和参考古代窗棂的造型,这样不仅有助于了解连续纹样的构成,还可以增加画面的传统文化气息。

图11.7所示为借鉴了古代窗棂造型的剪纸作品,是不是很有趣?

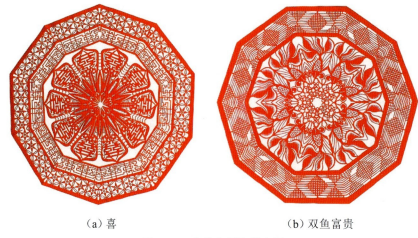

(a)喜　　　　　　　　　　(b)双鱼富贵

图11.7　古代窗棂纹样应用

(3)好的团花作品一定要有明确的阴阳关系,这是构成画面节奏的最重要元素。在进行画稿设计时,同学们往往习惯于注重怎么把纹样连接起来,而忽略掉阴阳关系的处理。因此,设计时要在心中有一个大致的空间构想,对每个纹样与上、下、左、右的阴阳关系进行权衡,并在实践中不断丰富和完善它。

你能说一说图11.8所示的两幅团花作品是怎样处理阴阳关系的吗?

(a)花开吉祥　　　　　　　　　　(b)牡丹富贵

图11.8　团花中的阴阳关系

（三）创作步骤

1. 两层结构画稿设计步骤

（1）将折叠好的纸划分为两层结构，上为阳剪，下为阴剪[图11.9（a）]。

（2）在上面的区域画出主体纹样荷花，并用弧线连接到下面的区域[图11.9（b）]。

（3）在下方区域设计重复的阴剪波浪纹，上下之间用连续的回纹加以间隔[图11.9（c），彩色部分为剪掉部分]。

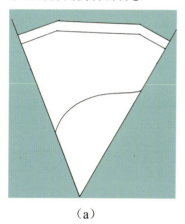 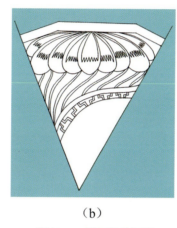 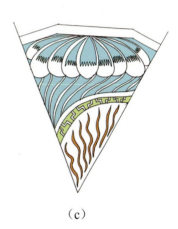

（a）　　　　　　　　　　（b）　　　　　　　　　　（c）

图11.9　两层结构画稿

2. 三层结构画稿设计步骤

（1）将折叠好的纸划分为三层结构，最下面为阴剪，上面两层为阳剪[图11.10（a）]。

（2）在最上方区域画出两朵梅花作为主体纹样[图11.10（b）]。

（3）给梅花加轮廓，用弧线将梅花纹连接到上、下、左、右的边框上[图11.10（c）]。

（4）在梅花枝蔓上加叶子，下方区域加阴剪"寿"字纹[图11.10（d）]。

（5）中间区域用弧线连续、折线连续[图11.10（e），彩色部分为剪掉部分]。

提示：双结构线区为阳剪，单结构线区为阴剪。

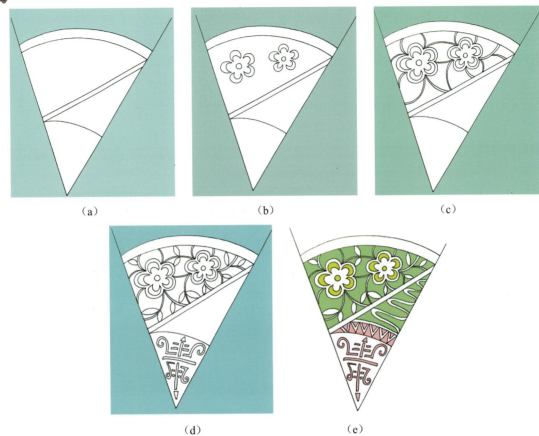

图11.10 三层结构画稿

3. 四层结构画稿设计步骤

（1）将折叠好的纸用折线划分为四层结构，双线区为阳剪[图11.11(a)]。

（2）在上方区域画出主体纹样蝴蝶[图11.11(b)]。

（3）在中间区域画出垂直交叉的连续纹样[图11.11(c)]。

（4）在下方区域右侧画出半个"春"字[图11.11(d)]。

（5）在最下方区域画出小花局部[图11.11(e)]。

提示：双结构线区为阳剪，彩色部分为剪掉部分。

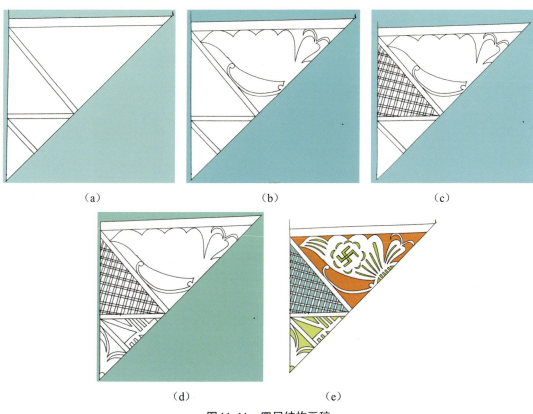

图11.11 四层结构画稿

4. 结构线选择

（1）将折好的纸划分为三层结构，中间阴剪，上、下阳剪[图11.12(a)]。

（2）在上方区域画出两朵花卉作为主体纹样[图11.12(b)]。

（3）用弧线将花纹连接到上、下、左、右的边框上[图11.12(c)]。

（4）在下方区域画出"喜"字，中间区域用断续的线重复[图11.12(d)]。

提示：如果纹样以阳剪为主，那么结构线都要用双线；如果三层结构的中间部分设计为阴剪，那么两条结构线都用单线。彩色部分为剪掉部分。

图11.12 结构线选择

(四) 作业展示

说一说图11.13所示的团花在制作过程中,应如何处理阳剪与阴剪的关系?

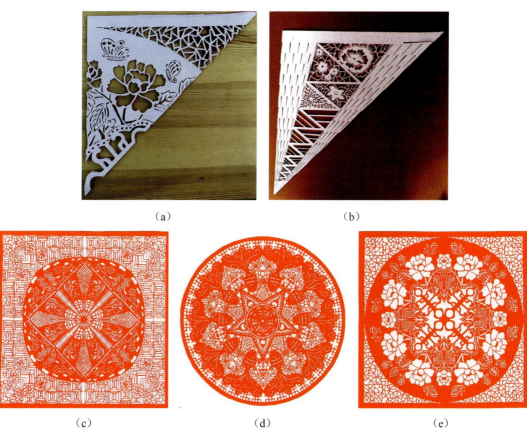

图 11.13　团花中的阳剪与阴剪关系

（五）创意无限

图 11.14 中的团花的纹样变化和前面不一样，你知道它们是运用什么方法做出来的吗？你觉得有趣吗？

创意剪纸

图11.14 作品展示

（六）学生作业卡

临摹你喜欢的画稿并进行剪制，灵活运用阴剪、阳剪，独立创意出采用不同折叠法的纹样设计方案。

第四篇

第十二讲　自由剪纸

一、导言

　　自由剪纸是相对于折叠剪纸而言的,不讲究画面的对称,可以自由地表达,只要处理好画面的阴阳平衡,那么无论怎么变化都是美的。

二、观察与讨论

　　图12.1所示为一组山西传统自由剪纸。图12.1(a)是单个图像的自由剪纸,图12.1(b)是一组图像的自由剪纸。你能看出它们的造型各有什么特点吗?说一说图12.1(b)中的各个纹样之间是如何建立起关系的?

（a）

（b）

图12.1　自由剪纸作品1

三、总结

剪纸是平面化造型艺术,图像应尽量简练、传神、扁平、夸张,组合图形之间要注意阴阳关系的协调,体现出线线相连的剪纸特色,所有纹样之间能自身连接的尽量直接连接,不能直接连的通过花草枝蔓、文字等进行连接,或者给图形加边框,把所有物象统一在一个画面中(图12.2)。

图12.2　自由剪纸作品2

(一)基础知识

自由剪纸和折叠剪纸在纹样造型上没有太大区别,主要是制作方式上有差异,一个需要折叠剪制,产生"事半功倍"的效果;另一个不需要折叠,可自由想象,任意发挥。

揭示:提炼物象的重要特征并进行夸张想象,弱化或删除不重要的部位,使其个性鲜明、一目了然。

图12.3所示为王雨桐小朋友参照三国演义人物卡脱稿剪制的作品。你能认出他们分别是谁吗?

（a）张飞　　　　　　（b）鲁肃　　　　　（c）关羽

图12.3　三国人物

（二）基本技巧

自由剪纸的基本技巧主要包含造型、纹样装饰、组合构成、剪制四个部分。造型要求简练传神，不强调所描绘对象的空间透视效果，而是强调平面装饰效果，不用面面俱到，抓住物象最突出的特征进行提炼、夸张即可。纹样装饰应简洁明了，是有节奏的重复。组合构成主要是针对大场景的剪纸造型，画面中出现的所有图形都要在阴阳关系协调的前提下，符合线线相连的特点，相互勾连，互为整体。剪制时应遵循先里后外、先小后大的顺序。

在图12.4、图12.5所示的剪纸作品中，哪些部分为阴剪，哪些部分为阳剪？

图12.4　牧歌　　　　　　　　　图12.5　船歌

自由剪纸的装饰纹样不追求繁杂,而是追求强烈的秩序性和韵味。各种花纹是剪纸装饰的基础纹样,在此基础上,利用点、线、面进行有秩序、有节奏的重复和组合即可。特别值得一提的是,锯齿纹作为是纹样中的"战斗机",常用于表现动物的毛发及各种物象的画面装饰,一定要好好利用哦(图12.6、图12.7)!

图12.6　戏曲人物　　　　　　　图12.7　四马图

(三) 创作步骤

自由剪纸可以根据生活中常见的人物、动物、花卉、建筑等进行图形创意,造型时应先结合原型提炼出要夸张的重点部位,然后再进行自由想象和添加。图12.8(a)所示为自然界中的天然冰凌,乍一看像极了小动物。同学们可以对这一形状进行想象、夸张,并补充合适的装饰纹样,使其变成大家需要的自由剪纸造型。

1. 单个造型设计范例

飞鸟剪制步骤:

(1)根据冰凌照片进行想象,确定为飞鸟造型。

(2)运用夸张的手法画出飞鸟的外轮廓,然后用锯齿纹、弧线纹、梅花纹进行装饰。上部为阴剪,下部为阳剪[图12.8(b)]。

(3)剪掉彩色部分即可完成剪制[图12.8(c)]。

（a）

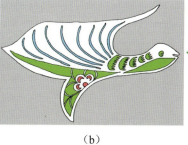
（b）

（c）

图12.8　剪制飞鸟

图12.9—图12.12所示的4种小动物分别装饰了哪些纹样？它们是阴剪还是阳剪？

（a）确定为小狗造型

（b）提炼小狗造型和枝叶（增加纹饰）

图12.9　剪制小狗

（a）确定为小鸭子造型

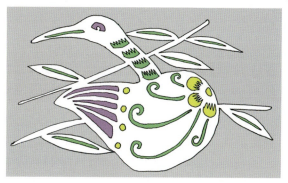
（b）提炼小鸭子造型和水草（增加纹饰）

图12.10　剪制小鸭子

（a）确定为小鸟造型　　　　　（b）提炼小鸟造型和枝叶（增加纹饰）

图 12.11　剪制小鸟

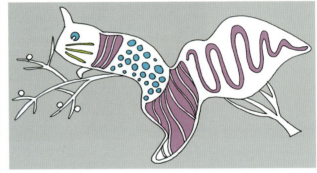

（a）确定为松鼠造型　　　　　（b）提炼松鼠造型和枝叶、果子（增加纹饰）

图 12.12　剪制松鼠

2. 组合造型设计范例

（1）选择一张你喜欢的绘画作业并改编成剪纸画。确定为长方形边框，物象以小姑娘为主体，楼房、树木、云彩、草地、篱笆为辅助。所有物象都在平面展开，互不遮挡。小姑娘头部为阳剪，衣服为阴剪，其他部位根据情况灵活处理（图12.13）。

（2）画出画稿只是完成构想的第一步，剪制过程中需要创作者根据画面的具体情况，用剪刀对画稿进行细节调整。你能看出剪稿与画稿之间有哪些细微的区别吗？

(a)画稿　　　　　　　　(b)剪稿1　　　　　　　　(c)剪稿2

图12.13　剪制小姑娘

实践证明,剪纸的最大难点是造型,完全靠想象来进行造型设计是不现实的。有效的方式是大量地观察各种物体,然后用笔将你喜欢的物体画出来,再结合剪纸的平面化造型特点,从中提取有效的信息并进行简化和夸张。

(四)作业展示

1. 画稿

如图12.14所示,彩色部分为剪掉部分。

 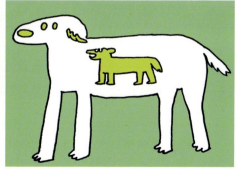

(a)小狗　　　　　　　　　　　(b)小羊

图12.14　画稿示例

(c) 小猪

(d) 小姑娘

图 12.14　画稿示例(续)

2. 剪稿

剪稿示例如图 12.15 所示。

(a) 鸡

(b) 鹅

(c) 猫

图 12.15　剪稿示例

（d）猫　　　　　　　　（e）女孩1　　　　　　　　（f）女孩2

图12.15　剪稿示例（续）

3．组合造型设计

组合造型设计作品如图12.16所示。

（a）幸福　　　　　　　（b）唱歌　　　　　　　　（c）踏青

图12.16　组合造型设计作品

（五）创意无限

图12.17是使用树叶创作的即兴剪纸作品，你觉得有趣吗？试一试吧！

（a）鼠趣　　　　　　　　　　（b）老鼠偷油

图12.17　作品展示

（六）学生作业卡

你能把平时印象深刻的生活场景设计成一幅剪纸吗？

第十三讲　春之魅（牡丹）

一、导言

花花草草是民间艺术的根，花草纹样的使用始终贯穿于民间剪纸的创作过程中，它是人们表达美好愿望的载体。表面上是花花草草，实质上却反映出人们对幸福生活和美的追求与渴望。四季中有代表性的花草——春天的牡丹、夏天的荷花、秋天的菊花、冬天的梅花，是装饰剪纸的重要纹样。学习剪纸，尤其要熟练地掌握它们的剪制技巧，然后其他的花卉纹样剪制也就水到渠成了。

二、观察与讨论

观察图13.1，描述一下牡丹的构成和造型特点。

（a）

（b）

图13.1　牡丹花

三、总结

牡丹花国色天香、富贵雍容,有花中之王的美称,是人们装饰生活和表达美好愿望的载体。

(一)基础知识

作为民间剪纸中常用的花形,牡丹在民俗中具有富贵、吉祥、美好的寓意。最常见的组合有凤凰与牡丹,凤凰是百鸟之王,牡丹象征荣华富贵,寓意富贵常在、荣华永驻;凤戏牡丹,凤在民间代表男性,牡丹代表女性,寓意美好的爱情;石榴与牡丹,石榴多子,代表男性,牡丹代表女性,具有祝愿新婚夫妇相亲相爱、生儿育女的美好寓意(图13.2)。

(a)　　　　　　　　　　　　　　(b)

图13.2　凤戏牡丹

(二)基本技巧

牡丹花为复瓣花,由花瓣、花蕊、子囊、花蒂组成,层次较多、造型复杂,需要进行简化和提炼。根据剪纸的平面化造型特点,本讲介绍的主要技巧是牡丹花纹的提炼和组合。提炼出单片花瓣的纹样,然后按照由中心向两侧重复排列的特点去组合造型。

牡丹花一般采用对称的表现形式,也可以采用不对称的表现形式,具体应根据画面需要灵活选择。

提炼牡丹花单个花瓣的基本纹样为弧线连续纹或弧线锯齿纹(图13.3)。

图13.3 弧线连续纹和弧线锯齿纹

1. 弧线锯齿纹

弧线锯齿纹由3条弧线与锯齿纹组合形成,中间高,两头低,如图13.4所示。

(a)牡丹纹画稿　　(b)阴剪剪稿　　(c)牡丹纹加轮廓画稿　　(d)阳剪剪稿

图13.4 牡丹弧线锯齿纹样

2. 弧线连续纹

弧线连续纹由3条弧线双线组合形成,中间高,两头低,如图13.5所示。

(a)牡丹纹画稿　　(b)阴剪剪稿　　(c)牡丹纹加轮廓画稿　　(d)阳剪剪稿

图13.5 牡丹弧线连续纹样

（三）创作步骤

1. 花头绘制步骤

（1）确定牡丹纹的中心纹样为圆形纹和弧线锯齿纹[图13.6(a)]。

（2）在其左右两侧分别画出相同的牡丹花瓣[图13.6(b)、图13.6(c)]。

（3）在相邻的两片花瓣中间再画出相同的牡丹花瓣[图13.6(d)—图13.6(f)]。

（4）在左、右下方再画出两片大的牡丹花瓣[图13.6(g)]。

（5）沿着牡丹纹的边缘画出轮廓线并画出花秆[图13.6(h)]。

（6）在花秆的左右两侧加上两片叶子[图13.6(i)]。

牡丹花瓣的排列是有规律的，其大小由你自定。

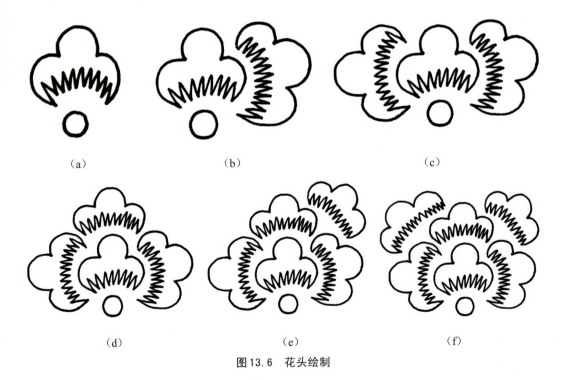

图13.6 花头绘制

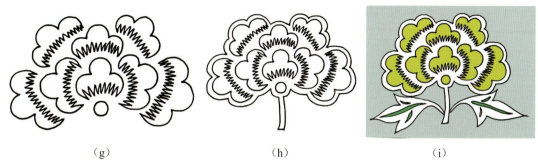

(g)　　　　　　　　(h)　　　　　　　　(i)

图13.6　花头绘制（续）

2. 叶子绘制步骤

不同的花卉有不同的叶子，牡丹花为羽状复叶，一柄分三叉，经过省略和艺术夸张，牡丹花叶可以简化为一叶三叉形（图13.7，有阴剪与阳剪两种表现手法）。

（a）单个叶子（阴剪）　　　（b）一支两叶（阴剪）　　　（c）叶子（阴剪）

（b）单个叶子（阳剪）　　　（e）一支三叶（阴剪）　　　（f）牡丹纹样（阳剪）

图13.7　叶子绘制

提示：在剪制弧线纹时，剪刀需要从纸上和纸下交替插入。

（四）作业展示

作业示例如图13.8所示。

（a）花瓶

（b）衣服（阴阳剪结合装饰）

（c）裙子（阴阳剪结合装饰）

（d）裙子（阴剪装饰）

（e）圆筒（阴剪装饰）

（f）小姑娘（阴剪装饰）

图13.8　作业示例

（五）创意无限

掌握牡丹纹的画法与剪法，灵活地应用牡丹纹服务于生活是非常有趣的。

牡丹纹画稿、剪稿如图13.9所示，彩色部分为剪掉部分。

（a）杯子（阴阳剪结合装饰）

（b）兔子（阴剪装饰）

（c）扇子（阴阳剪结合装饰）

（d）小熊（阴阳剪结合装饰）

（e）小姑娘（剪稿）

图13.9　牡丹纹画稿、剪稿展示

（六）学生作业卡

从提供的范例图中选择你喜欢的图形进行临摹，并独立设计牡丹花造型。

第十四讲　夏之梦（荷花）

一、导言

荷花之美，美在亭亭玉立，含苞待放；美在娇羞欲语，盈盈欲滴。那沁人心脾的芬芳让人不禁想起"接天莲叶无穷碧，映日荷花别样红"的美好诗句。荷花又称莲花、水华、芙蓉、玉环等，是多年生水生草本花卉。荷花全身是"宝"，既可满足人们的审美需求，又可泡茶、入药和食用。

二、观察与讨论

观察图14.1，描述一下荷花的构成与造型特点。

（a）荷花　　　　　　　　（b）莲蓬

图14.1　荷花与莲蓬

三、总结

荷花是复瓣花,由花瓣、花蕊、莲蓬、花蒂组成。其花瓣丰富,造型饱满而简单,一瓣一瓣由中心向外呈放射状排列。

(一) 基础知识

莲花在古代被喻为"花中君子",因其亭亭玉立、出淤泥而不染,故有清廉之意。除此之外,我国民间文化中大量运用谐音,这在莲花身上表现得尤为突出。例如,莲藕谐音"连偶";莲蓬多子,莲子谐音"连子",有多子多福、子孙满堂的寓意。有趣的是,在民间莲花还象征女性,鱼因其强大的繁殖能力而代表男性,鱼和莲花的组合有鱼戏莲、鱼追莲、鱼钻莲等,有男女结合的寓意(图14.2)。此外,莲花与鱼的组合还有"连年有余"的寓意。

(a) 鱼戏莲　　　　(b) 鱼钻莲

图 14.2　鱼与莲

(二) 基本技巧

本讲介绍荷花和荷叶的基本绘制方法。根据剪纸的平面化造型特点,同学们需要对荷花的花瓣进行简化,提炼出单片花瓣的形状,然后按照由中心向两侧重复排列的特点去组合造型(图14.3—图14.5)。

提示:荷花一般采用对称的表现形式,也可以采用不对称的表现形式。彩色部分为剪掉部分。

1. 荷花的画法

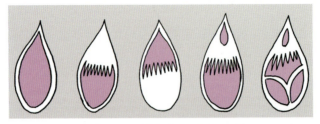

图14.3 几种不同的花瓣画稿

先确定中心花瓣,再在花瓣左右两侧进行有秩序的排列,花瓣大小、多少自定。

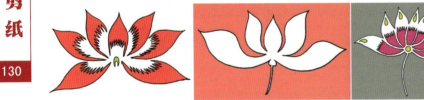

图14.4 画稿

图14.5 剪稿

2. 荷叶、莲蓬的画法

荷叶为圆盘状,纹样由中心向外呈放射状排列,中间稀,边缘密(图14.6,彩色部分为剪掉部分)。

(a) 荷叶(阳剪)　　　　(b) 荷叶1(阴剪)　　　　(c) 荷叶2(阴剪)

(d) 荷叶(侧面阴剪)　　　　(e) 莲蓬1　　　　(f) 莲蓬2

图14.6　荷叶与莲蓬画稿

3. 完整的荷花造型

完整的荷花造型如图14.7、图14.8所示。

创意剪纸

图14.7 画稿

图14.8 剪稿

(三)创作步骤

提炼出荷花花瓣,如图14.9所示。

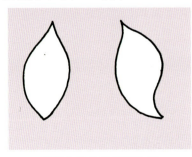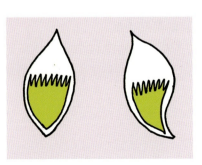

(a)提炼出荷花的花瓣造型　　　(b)在花瓣里加锯齿纹装饰

图14.9 荷花花瓣造型

荷花花瓣的多少根据画面要求自定（图14.10）。

（a）画出花蕊　　　（b）画出花蕊两侧的花瓣　　　（c）画出两侧下方的花瓣

 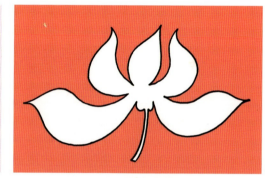

（d）加上花蒂（对称型）　　　（e）加上花蒂（非对称型）

（f）花瓣里加入锯齿纹装饰（对称型）　　　（g）花瓣里加入锯齿纹装饰（非对称型）

图14.10　荷花花瓣绘制

（四）作业展示

作业示例如图14.11所示。

图14.11 作业示例

（五）创意无限

掌握荷花纹的画法与剪法，灵活地应用荷花纹服务于生活是非常有趣的。
荷花纹画稿如图14.12所示，彩色部分为剪掉部分。

（a）小姑娘（阴剪荷花装饰）

（b）小鱼（阴阳剪结合荷花装饰）

（c）小猪（阴阳剪结合荷花装饰）

（d）小鱼（阳剪荷花装饰）

（e）冰激凌（阳剪荷花装饰）

图14.12 荷花纹画稿展示

（六）学生作业卡

从提供的范例图中选择你喜欢的图形进行临摹，并独立设计荷花造型3～4幅，然后剪制出来。

第十五讲　秋之洁（菊花）

一、导言

我国是菊花的故乡，历代文人墨客都爱吟诵菊花。作为花中"四君子"之一的菊花，其清雅幽静的形象被作为我国古代文人气质和品行的象征。古人有重阳节赏菊花、饮菊花酒的习俗，陶渊明的名句"采菊东篱下，悠然见南山"正体现了菊花"花中隐士"的形象。此外，菊花在民间还被赋予了吉祥、长寿的寓意。

二、观察与讨论

图15.1所示为剪纸大师张永寿的剪纸作品，请你观察菊花叶子和花头的造型，并查阅相关资料，说一说菊花的美是如何通过花瓣的不同组合来实现的？

图15.1　菊花剪纸

图 15.1　菊花剪纸（续）

三、总结

菊花为复瓣花，花瓣繁多，由中心花蕊向外一层层舒展开来。菊花叶子是单叶互生的，卵形至披针形，边缘有缺裂及锯齿，非常美观。图 15.1 中的菊花剪纸造型巧妙、丰满，层层叠叠，阳剪花瓣，阴剪花叶，线条动感流畅，尽显菊花的柔美浪漫。

（一）基础知识

菊花是我国的传统名花，通常在秋天开放，直面秋风，因此自古就有高风亮节的寓意。赠友人菊花通常用于表达对友人气节的钦佩；在朋友寿辰之日送菊花则有祈愿长寿的寓意。除此之外，由于我国民间文化注重使用谐音与象征的艺术手法，菊花与其他纹样组合后还有以下寓意：菊花与松树组合，寓意"延年益寿"；菊花与"万"字组合，寓意"万寿"；菊花与竹子组合，寓意"祝寿"；菊花与仙鹤组合，寓意"贺寿"；菊花与蝙蝠组合，寓意"福寿"；菊花与佛手、金鱼组合，寓意"福寿有余"等（图 15.2）。

（a）万寿　　　　　　　　　（b）菊

图15.2　菊花剪纸作品

（二）基本技巧

菊花为复瓣花，花瓣繁多（图15.3），根据剪纸的平面化造型特点，同学们需要对菊花的花瓣进行简化，提炼出单片花瓣的形状，然后按照由中心向两侧重复排列或者由中心向外呈放射状排列的特点去组合造型。

菊花一般采用对称的表现形式，也可以采用不对称的表现形式。

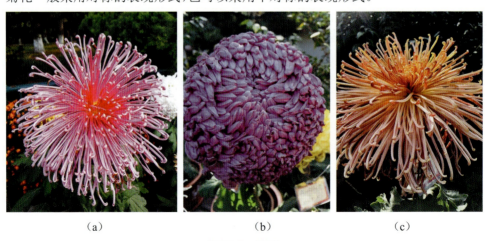

（a）　　　　　　　　（b）　　　　　　　　（c）

图15.3　菊花

1. 提取基本纹样

可选择圆点纹、长水滴纹或者圆点纹、长逗号纹，粗细自定（图15.4）。

图15.4　基本纹样

2. 花头

先确定中心纹样，再在其周围进行有规律的排列，大小、形状、疏密自定。

（1）圆点纹和长水滴纹组合如图15.5所示。

（a）阴剪画稿　　　　　　　（b）阴剪剪稿　　　　　　　（c）阴剪加轮廓变阳剪

图15.5　菊花花头造型1

（2）圆点纹和长逗号纹组合如图15.6所示。

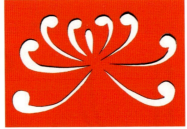
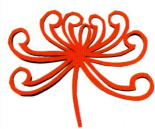

（a）阴剪画稿　　　　　　　　（b）阴剪剪稿　　　　　　（c）阴剪加轮廓变阳剪

图15.6　菊花花头造型2

3. 菊花叶子造型

菊花的叶子是单叶互生,卵形至披针形,边缘有缺裂及锯齿。根据简化和艺术夸张原则,菊花的叶子可以和牡丹一样,使用一叶三叉形(图15.7)。

图15.7　菊花叶子造型

4. 完整菊花造型

菊花画稿、剪稿如图15.8所示，彩色部分为剪掉部分。

图15.8　完整菊花造型

（三）创作步骤

菊花花瓣的形状、多少根据画面要求自定。

（1）圆弧画出花蕊[图15.9(a)]。

（2）按照由中心向外的顺序有节奏地画出花蕊左上方花瓣[图15.9(b)]。

（3）按照由外向内的顺序有节奏地画出花蕊左下方花瓣[图15.9(c)]。

（4）按照同样的方法画出花蕊右上方和右下方花瓣，并加上花蒂与秆[图15.9(d)]。

菊花纹既可以对称排列,也可以自由排列。一般靠近花蕊处的花瓣较小,离花蕊越远的花瓣越大,可以递进式变大或变小。

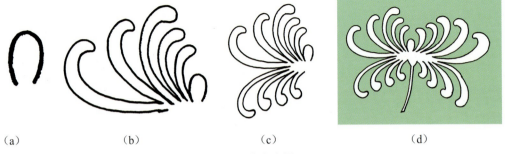

（a） （b） （c） （d）

图15.9 花头绘制1

根据前面提供的菊花绘制方法,既可以用对称或非对称的形式进行构型,即将菊花花瓣的形状变化为弧线、曲线、折线等[图15.10(a)—图15.10(d)],也可以由中心向外呈放射状排列[图15.10(e)]。

（a） （b）

（c） （d） （e）

图15.10 花头绘制2

（四）作业展示

作业示例如图 15.11 所示。

（a）礼服　　　　　　（b）帽子　　　　　　（c）花瓶　　　　　（d）小熊

图 15.11　作业示例

（五）创意无限

掌握菊花纹的画法与剪法，灵活地应用菊花纹服务于生活是非常有趣的。
菊花纹画稿、剪稿如图 15.12 所示，彩色部分为剪掉部分。

（a）花瓶画稿（阳剪菊花装饰）　　（b）花瓶剪稿　　　（c）裙子画稿（阴剪菊花装饰）

图 15.12　作品展示

(d)裙子剪稿

(e)茶壶画稿(阴剪菊花装饰)

(f)茶壶剪稿

(g)小绵羊画稿(阴剪菊花装饰)

(h)小绵羊剪稿

图15.12　作品展示(续)

(六)学生作业卡

从提供的画稿范例中,选择你喜欢的图形进行临摹,并独立设计菊花纹造型1～2幅,然后剪制出来。

第十六讲　冬之舞（梅花）

一、导言

"墙角数枝梅，凌寒独自开。遥知不是雪，为有暗香来。"在我国传统文化中，梅花位列十大名花之首，它高洁谦逊的品行和清雅幽香的特质让无数文人雅士为之倾倒。作为"四君子"和"岁寒三友"中的一员，它不仅有勇敢坚毅、吉祥平安、友谊长存之意，还因其"开百花之先"而被作为传春报喜的象征。

二、观察与讨论

观察图16.1，描述一下梅花的构成和形状特点。

（a）

（b）

图16.1　梅花

三、总结

梅花有红、白、黄等多种颜色,一般有5片花瓣,中间有花蕊,看起来清新高洁,十分玲珑可爱。

(一) 基础知识

梅花分五瓣,象征五福。因其在形、色、香方面都具有极高的审美价值,故又被作为中华民族的精神象征。梅花单独运用象征吉祥。梅花常分为五点或七点,表示吉祥与生命繁衍,广泛用于装饰之中。喜鹊与梅花组合,寓意"喜上眉梢"。在民俗活动中梅花一般代表女性,常和代表男性的鸟、蜂、鹿、娃娃等组合,寓意"男女结合"或"生育繁衍",如"喜鹊闹梅""蜂采梅""竹梅双喜"等(图16.2)。

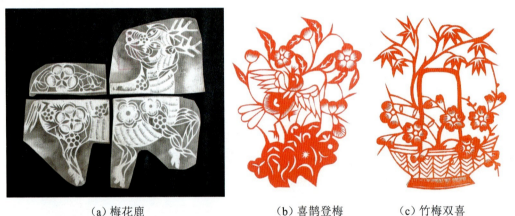

(a) 梅花鹿　　　　(b) 喜鹊登梅　　　　(c) 竹梅双喜

图16.2　梅花剪纸作品

(二) 基本技巧

梅花为复瓣花,有的是5片花瓣,还有的花瓣数量是"5"的倍数。根据剪纸艺术简洁明了的特点,可以提取梅花的单片花瓣进行组合。

基本纹样:圆形纹、月牙纹[图16.3(a)]和圆形锯齿纹[图16.3(b)]。

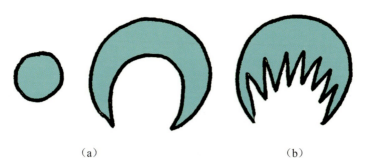

（a） （b）

图16.3 基本纹样

以圆形纹为中心，将月牙纹或圆形锯齿纹围绕圆形纹排列5次，就会形成一个梅花纹样（图16.4）。画好花朵后，可以在四周进行增改，如添枝加叶（图16.5）。

（a）梅花阴剪画稿　　　　　　　　（b）加轮廓阳剪画稿

图16.4 梅花花朵造型

（a）添枝加叶1　　　（b）边缘变化　　　（c）加轮廓后添枝加叶

图16.5 梅花造型

（d）只要轮廓　　　　　　　　（e）添枝加叶2　　　　　　　　（f）添枝加叶3

图16.5　梅花造型（续）

梅花的几种剪法：保持5片花瓣轮廓不变，主要是里面的装饰略有变化（图16.6）。

　　（a）　　　　　　　　（b）　　　　　　　　（c）　　　　　　　　（d）

图16.6　梅花花朵剪法

梅花花朵阴剪与阳剪范例如图16.7所示。

（a）阴剪

图16.7　梅花花朵剪纸范例

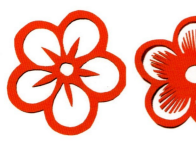

(b)加轮廓变阳剪

图16.7　梅花花朵剪纸范例（续）

（三）创作步骤

（1）以圆形纹作为花蕊[图16.8（a）]。

（2）在圆心上方画出一片向心弧线纹花瓣[图16.8（b）]。

（3）依次在圆形纹四周均匀地再添加4片弧线纹花瓣[图16.8（c）]。

（4）在弧线纹里加锯齿纹[图16.8（d）]。

（5）为5片花瓣加轮廓[图16.8（e）]。

（6）在梅花花瓣之间添加枝叶、花骨朵等[图16.8（f）]。

（a）　　　　　　　　（b）　　　　　　　　（c）

图16.8　梅花绘制

(d) (e) (f)

图16.8 梅花绘制（续）

（7）梅花叶子、花骨朵比较简单，可以弱化处理（图16.9、图16.10）。

图16.9 梅花叶子造型 　　　　　图16.10 梅花花骨朵造型

（四）作业展示

作业示例如图16.11所示。

（a）裙子　　　　　（b）小姑娘1　　　　　（c）小鹿

（d）小熊　　　　　（e）帽子　　　　　（f）小姑娘2

图16.11　作业示例

（五）创意无限

掌握梅花纹的画法与剪法，灵活地应用梅花纹服务于生活是非常有趣的。
图16.12所示的剪纸作品上装饰了梅花纹样，你觉得有趣吗？

图16.12 猪(梅花纹应用)

梅花纹样应用于小姑娘衣服的阳剪画稿范例:

(1)确定衣服为阳剪,然后将轮廓画成双线,在衣服上画出梅花纹样并加轮廓[图16.13(a)]。

(2)用弧线将梅花纹样和四周轮廓连起来,达成线线相连的艺术效果[图16.13(b)]。

提示:彩色部分为剪掉部分。

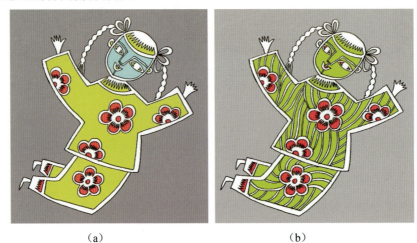

(a) (b)

图16.13 小姑娘(梅花纹应用)

其他范例如图16.13所示。

（a）花瓶画稿

（b）花瓶剪稿

（c）蝴蝶画稿　　　　　　　　（d）蝴蝶剪稿

图16.13　作品展示

（e）手提包画稿　　　　　（f）手提包剪稿

（g）小兔子画稿　　　　　（h）小兔子剪稿

图16.13　作品展示（续）

（六）学生作业卡

　　从提供的范例图中，选择你喜欢的图形进行临摹，并独立设计梅花造型1～2幅，然后剪制出来。

第五篇

生活装饰

第十七讲　彩色剪纸创意（一）

一、导言

相比单色剪纸，彩色剪纸有更加丰富的表现力和视觉冲击力。彩色剪纸可采用的色彩颜料有水粉色、水彩色、彩色铅笔、蜡笔、喷漆等。不同的颜料有不同的艺术效果，同学们需要充分发挥各种颜料的优势，让其最大限度地与剪纸发生优美的"化学反应"。

二、观察与讨论

欣赏图17.1所示的3幅彩色剪纸作品，你能说一说它们在色彩表达上有什么不同吗？你更喜欢哪一种？

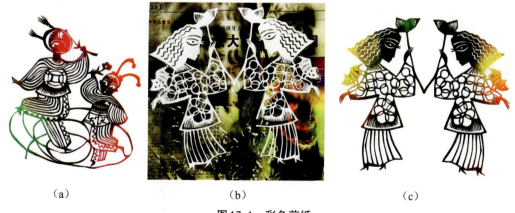

图17.1　彩色剪纸

三、总结

（一）基础知识

彩色剪纸有各种各样的表现形式，本讲主要介绍彩色剪纸中的染色剪纸和衬色剪纸。染色剪纸主要利用各种染色工具对剪纸进行渲染，以期达到更好的艺术效果；衬色剪纸则侧重于剪纸与衬色之间的协调与融洽。无论采用哪一种形式，重要的都是色彩搭配的和谐。要充分利用美术课上所学的色彩知识，选择邻近色或对比色进行配色，使画面形成明确的主色调。

需要准备的材料和工具包括：染色材料（水彩色、水彩笔补给水、蜡笔、色铅、喷漆、水粉色等）、生宣纸、胶棒、调色盘、水粉笔、水杯等（图17.2）。

（a）

（b）

（c）

（d）

图17.2　染色材料和工具

(二) 基本技巧

本讲主要介绍染色剪纸和衬色剪纸。两种剪纸虽然名称不同,但配色技巧是一致的(图17.3)。

(a)   (b)

图17.3 染色与衬色

(三) 创作步骤

1. 染色剪纸步骤

可选择水彩笔补给水作为染色材料,因其渗透性好、色彩种类多、透明度好。另外,它在应用于多层剪纸时,待染色剪纸干燥后,我们可方便地打开各张剪纸作品。

(1) 先染后剪。

选择你喜欢的颜色,将白色生宣纸涂成色纸,可以一次涂3~4张。既可以没有规律地自由涂抹颜色,也可以有秩序地涂抹颜色。不管怎样涂抹,色彩搭配要有统一的色调,要么以暖色为主,要么以冷色为主。另外,色彩过渡要有明度与纯度的浓淡、深浅变化,不能过于平淡(图17.4)。

图 17.4 涂色

待纸干后,将 3~4 层纸用订书机订起来,以设计画稿。在剪制完成后,将其揭开并放在书中压平即可(图 17.5)。

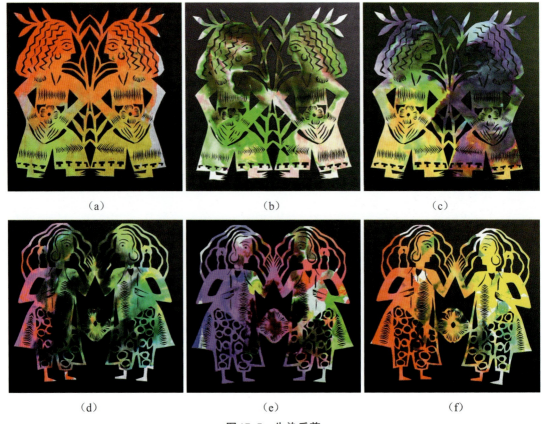

图 17.5 先染后剪

（2）先剪后染。

一次订3～4层白色A4纸、宣纸或素描纸，设计图案并完成剪制。均匀涂色（水彩、水粉、水彩笔补给水均可），注意色与色之间的过渡和衔接，色彩明度与纯度的对比和应用。待染色剪纸干燥后，打开并放在书中压平。这样剪纸会很平整，颜色也鲜艳（图17.6）。

（a） （b）

图17.6 人鱼小姐

2. 衬色剪纸步骤

衬色剪纸一般有两种方式：一种是在白色或深色纸上剪纸，剪完后放在有颜色的背景上；另一种是在剪好的深色剪纸纹样底部衬上所需要的色纸，色纸粘贴在剪纸的背面。浅色剪纸背部可以衬深色纸。

（1）深色或浅色剪纸背景衬色。

背景衬色有多种方式，既可以用水彩、蜡笔涂色，也可喷色，还可直接选用合适的宣传画册纸、彩色挂历纸等。无论采用哪种方式，前景颜色与背景颜色之间都要有鲜明的对比关系（图17.7）。

创意剪纸

(a)   (b)

图17.7　用挂历纸做底衬

（2）深色剪纸背景贴色。

既可以根据前景纹样进行有秩序的衬色，也可以在色彩和谐的前提下随意衬色。

以老鼠衬色剪纸为例：可以一次剪出2～3张剪纸，先进行不同颜色的衬色体验，再从中选出最满意的作品。

① 在黑色卡纸上画出老鼠图案［图17.8（a）］。

② 完成剪制［图17.8（b）］。

③ 分别将老鼠剪纸放在不同颜色的彩纸上，选择合适的彩纸作为底衬［图17.8（c）］。

④ 在剪纸背面的眼睛和臀部主要花纹处，用胶棒贴上大小相近的黄色纸块和橙色纸块［图17.8（d）］。

⑤ 在所有的剪纸纹样背面都贴上合适的彩纸［图17.8（e）］。

⑥ 翻过来完成剪制［图17.8（f）］。

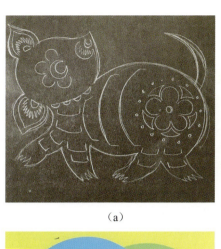
(a)

(b)

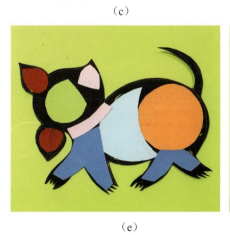
(c)

(d)

(e)   (f)

图17.8　老鼠衬色剪纸

（3）背景不规则贴色（图17.9）。

（a）没有秧歌不叫年

（b）扇面

图17.9　背景不规则贴色

（四）作业展示

作业示例如图17.10所示。

（a）　　　　　　　　（b）　　　　　　　　（c）

图17.10　作业示例

（d） （e） （f）

图17.10 作业示例（续）

（五）创意无限

图17.11所示作品运用了水粉染色的技巧，在纸上随意渲染，先涂亮色、纯色，然后用深色覆盖。覆盖时故意留出部分不规则的小面积纯色，以给人惊艳之感。你能说出图17.11（c）在色彩处理技法上和前两幅有什么不同吗？你喜欢这样的表现形式吗？

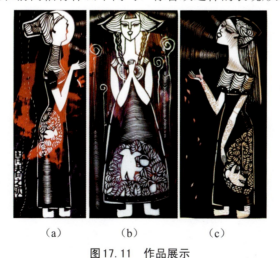

（a） （b） （c）

图17.11 作品展示

（六）学生作业卡

运用学习的两种彩色技法进行创意设计，可以设计单个或一组形象。

第十八讲　彩色剪纸创意(二)

一、导言

　　色彩具有无穷无尽的魅力,能投射出人类丰富的思想和情感,或细腻忧伤,或浪漫奔放,或清新可人,或神秘清冷。例如,红色鲜艳给人激情和温暖；黄色明亮给人光明和希望；蓝色清冷给人清凉和忧伤。除此之外,白色轻盈、黑色沉郁、咖啡色厚重、绿色平和,不同深浅的紫色会给人忧伤或高贵之感。结合人对色彩的情感联想进行组合创意,利用色彩的明度与纯度变化将那些具有相似气质类型的色彩进行组合,呈现明确的色调意识,满足人们内心中对某种情感的潜在渴求。

二、观察与讨论

　　欣赏图18.1所示的3幅彩色剪纸作品,观察它们在色彩的表达形式上有什么不同？其中图18.1(a)和图18.1(c)是同一个图案,但效果不同,你更喜欢哪一张？为什么？

(a) 春姑娘1

(b) 童年

(c) 春姑娘2

图18.1　彩色剪纸

三、总结

（一）基础知识

本讲主要介绍彩色剪纸中的巧色剪纸和彩色剪贴。

巧色剪纸是在彩色剪纸的基础上对色彩的进一步运用。一般选用各种挂历纸、彩色画报纸、宣传画册纸等，巧妙地利用色纸上的图案和颜色变化进行剪纸创意，使剪纸造型与色彩、纹理达到完美契合。

彩色剪贴是把原来需要在纸上镂空的纹样转移到其他颜色的纸上并剪出来。剪的时候可以充分利用剪纸的重复性特点，把纸折叠为几层，一次性剪出相同纹样若干，再根据色彩搭配的原理分别拼贴、组合到背景上，在画面中建立新的和谐。这种表现方式打破了剪纸平面、单薄的固有模式，呈现一种蓬勃的激情和饱满的张力，在纸上留下作者瞬间的情感、感悟。

需要准备的材料和工具包括：胶棒及各种有韧性的色纸、挂历纸、画报纸、宣传画册纸等。

（二）基本技巧

巧色剪纸主要依靠创作者对色纸的理解和想象，在瞬间迸发出对剪纸造型的创意，这需要经过无数次的实践才能找到一些内在的规律。例如，在选择挂历纸或画报纸时，造型不宜太乱；在颜色变化跨度比较大时，暗色中应隐隐透出一些亮色、纯色，过于平均的色彩并不合适，也不能给剪纸加分。彩色剪贴则侧重于以"脱口秀"的形式进行创作，先准备充足的彩纸和废旧画报纸等材料，创作者眼中打量，心中谋划，然后由一推二，由二推三，一切都在"一问一答"中得以不断呈现，无论是色彩搭配还是造型处理，都充满了惊喜。彩色剪贴属于剪纸中较为自由、高级的一种技法，只有抛弃一切心理障碍，才能在纸间自由地"撒欢"。

本讲重点讲解彩色剪贴（图18.2，史成明创作）。

(a) 臆想女孩　　　　　　　　(b) 海豚女孩

图 18.2　彩色剪贴

（三）创作步骤

将原本在纸上直接镂空的纹样移到其他色纸上，并利用剪纸的重复性特点，重复造型，以取得"事半功倍"的效果。

1. 以前讲中的小老鼠制作为例

（1）在黑色卡纸上画出老鼠的轮廓，要求造型饱满，用剪刀剪出老鼠的轮廓[图18.3(a)]。

（2）提取老鼠剪纸上的主要纹样——各种弧线锯齿纹、月牙纹、鱼鳞纹、圆点纹，将它们分别画到不同的色纸上。色纸如果不太厚的话，那么可以折叠4层，一次剪出来4个；如果纸太厚的话，那么可以叠2层，一次剪出来2个[图18.3(b)]。

（3）将画好的纹样依次剪出来，一般要多剪几个备用[图18.3(c)]。

（4）先将老鼠的眼睛和臀部的花纹用胶棒粘贴上，确定了主要部位后，其他部位的装饰主要采用锯齿纹，可以将长的锯齿纹剪成短的锯齿纹，以适应不同的部位。粘贴完毕后，可以根据画面效果再进行适当的补充和调整[图18.3(d)]。

（5）同一个老鼠造型，身上装饰的纹样和色彩应略有差异[图18.3(e)]。

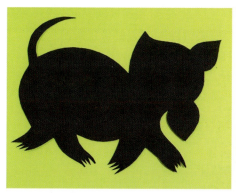

（a）

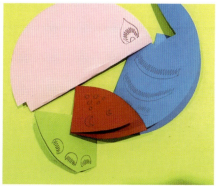

（b）

（c）

（d）

（e）

图18.3　小老鼠彩色剪贴

提示：将剪好的纹样分别摆放在黑色老鼠上，感觉画面和谐后，再用胶棒将其粘贴在纸上。另外，不是剪多少纹样就一定要贴上多少，而是根据画面效果进行取舍。

2. 以手拿花朵的小姑娘为例

（1）棕色纸对折剪出头部、上衣、裤子，一次剪出一对手、一对脚，并粘贴到黑色卡纸背景上[图18.4(a)]。

（2）一次剪出一对黄色眼睛、黑色眉毛、黑色眼球、粉色脸蛋，然后对折，剪出鼻子、嘴巴，再按照顺序贴到脸上[图18.4(b)]。

（3）用绿色、粉紫色纸剪出连续纹样并贴到黑色背景上，再沿轮廓剪下来[图18.4(c)]。

（4）将剪下来的纹样分别贴到上衣的对襟处、下摆处、裤脚处，作为衣服的装饰[图18.4(d)]。

（5）沿轮廓剪下人物造型，并把小姑娘的辫子直接在黑色背景上剪出来，前额单独剪一个刘海贴上[图18.4(e)]。

（6）姑娘手里的小花造型主要包括叶子和花头，叶子选用黄色和绿色搭配，花头选用粉红色和大红色搭配，利用剪纸的重复性特点，在折叠好的粉色纸和黄色纸上一次画出几片花瓣纹和绿叶纹[图18.4(f)]。

（7）将花瓣纹和绿叶纹分别贴到红色和绿色背景上，并沿轮廓剪下来[图18.4(g)]。

（8）剪出花秆，将人物、叶子和花朵一起贴到黄色背景上[图18.4(h)]。

（9）根据画面效果给小姑娘贴上口袋、袖口装饰，完成制作[图18.4(i)]。

(a)   (b)   (c)

图18.4 拿花小姑娘剪贴

图18.4 拿花小姑娘剪贴(续)

提示：彩色剪贴要比单色剪纸更加灵活自由，多数时候是即兴造型，并根据联想添加纹样。所有的步骤都是一步步密切关联的，结果既可能让人惊喜，也有可能让人沮丧。完美的作品一定需要创作者拥有大量的实践经验，这样才能有效地处理创作过程中不时出现的意外和插曲，使画面渐趋统一和谐。

3. 吴文娟巧色剪纸

巧色剪纸如图18.5所示。

（a）蝶舞

（b）蝶秀

（c）肺腑之声

图18.5　巧色剪纸

（四）作业展示

作业示例如图18.6所示。

（a）

（b）

（c）

图18.6　作业示例

（d）

（e）

图 18.6　作业示例（续）

（五）创意无限

图 18.7 所示的 4 幅作品是王飞飞同学利用彩色剪贴方式创作的"惊蛰系列"作品。画面中既有各种物象，也有故事情节，造型简洁稚拙，色彩搭配和谐，充满了天真烂漫的童话味道，你觉得有趣吗？你可以根据喜欢的童话故事或谚语创作几幅剪纸作品吗？

（a）吹毛毛

（b）追逐

图 18.7　作品展示

（c）破事儿

（d）捉知了

图18.7　作品展示（续）

（六）学生作业卡

运用学习的两种彩色剪纸技法进行创意设计，可以设计单个或一组形象。

第十九讲　会飞的花朵(蝴蝶装饰)

一、导言

蝴蝶纹样是对称图形中最经典的代表。蝶之美,美在姿态轻盈,美在舞姿翩翩,美在色彩斑斓。蝴蝶是世间的小精灵,用它的形象来装饰生活和环境有着非常美妙的效果。

二、观察与讨论

观察图19.1所示的蝴蝶,说说蝴蝶的身体由哪几部分组成?

（a）

（b）

图19.1　蝴蝶

三、总结

蝴蝶体型较小,身体分为头、胸、腹三个部分,两对翅,三对足。头部有一对锤状的触角,触角端部较粗,翅宽大,停歇时翅竖立于背上。

(一)基础知识

"蝴蝶蝴蝶生得真美丽,头戴金丝身穿花花衣,你爱花儿花也爱你,你会跳舞它有甜蜜……"一首可爱的蝴蝶之歌,唱出蝴蝶的轻盈美丽。作为瑞物的蝴蝶,象征着幸福、和平、吉祥、美好。在民间剪纸中,蝶和花的组合常被用来寓意爱情的美好和甜蜜。牡丹寓意富贵,而蝴蝶在很多方言中都与"无敌"谐音,因此牡丹配蝴蝶又寓意"富贵无敌"。此外,蝴蝶的"蝶"因为音同"耋",所以又有长寿与健康之意(图19.2)。

(a)　　　　　　　　(b)

图19.2　蝶与花组合剪纸

(二)基本技巧

蝴蝶剪纸的主要技巧包括折叠、造型、纹样装饰、剪制四个部分。因为艺术的夸张性特点,所以应选择蝴蝶的翅膀、触角作为造型夸张的重点。

1. **折叠法:对折**

将一张正方形的色纸对折,在一半的纸面上画出半只蝴蝶[图19.3(a)、图19.3(b),彩色部分为镂空纹样]。你能在图19.3(c)中用"×"标出镂空的部位吗?

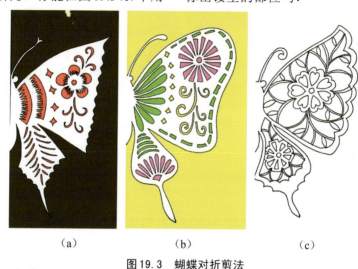

(a)   (b)   (c)

图19.3 蝴蝶对折剪法

2. **蝴蝶剪纸的基本纹样和纹样的组织规律**

(1)纹样分为规则纹样和不规则纹样两种。

(2)基本纹样包括月牙纹、圆纹、锯齿纹、柳叶纹、"十"字纹、水滴纹、漩涡纹等,也可以自行创造。

(3)纹样组织规律包括由中心向外呈放射状排列,平行线排列,垂直线排列,左右对称排列,由大到小、由长到短排列,扇形排列等。可以运用前面学习的纹样的组织与变化规律,进行各种纹样的变化和创意(图19.4)。

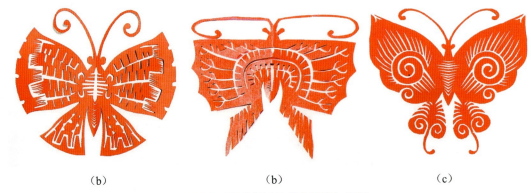

　　（b）　　　　　　　　　　（b）　　　　　　　　　　（c）

图19.4　蝴蝶剪纸的基本纹样与组织

　　装饰纹样的排列方法远远不止这些，只要掌握好纹样组织的秩序性、节奏性和规律性，就一定能创造出绚丽多彩、形态各异的纹样。

3. 蝴蝶的造型

　　蝴蝶造型简约扁平，轮廓可以选用直线、曲线、弧线、折线等，不同的线传递出不同的情感和个性特征（图19.5）。

　　（a）　　　　　　　　　　（b）　　　　　　　　　　（c）

图19.5　蝴蝶造型

(e) (f)

图 19.5 蝴蝶造型(续)

4. 蝴蝶纹样装饰

蝴蝶纹样装饰范例如图 19.6 所示。

(a) (b) (c)

(d) (e) (f)

图 19.6 蝴蝶纹样装饰范例

此外，蝴蝶造型也可以采用不对称的手法（图19.7）。

图19.7　不对称的蝴蝶造型

（三）创作步骤

1. 纹样的有秩序排列

（1）将一张正方形的色卡纸对折，在有折痕的一面画出蝴蝶的一半轮廓。

（2）用连续重复的纹样装饰肚子和邻近区域。

（3）在大翅膀上面积较大的区域装饰放射状的组合纹样，在小翅膀上装饰左右对称的纹样。

（4）运用掏剪和剪轮廓的方法完成剪制。

（5）展开，完成蝴蝶造型（图19.8）。

图19.8　蝴蝶纹样剪制

2. 纹样变形

(1) 在蝴蝶的大翅膀上掏出3条弧线纹[图19.9(a)]。

(2) 在弧线纹的右侧剪出多条长弧线[图19.9(b)]。

(3) 在弧线左侧剪出锯齿纹[图19.9(c)]。

(4) 在弧线右侧的各条长弧线上剪锯齿纹,下面小翅膀的剪制方法同上[图19.9(d)]。

(5) 在蝴蝶肚子附近剪一个圆点,然后在圆点四周根据面积大小剪长短不等的折线纹[图19.9(e)]。

(6) 展开,完成剪制[图19.9(f)]。

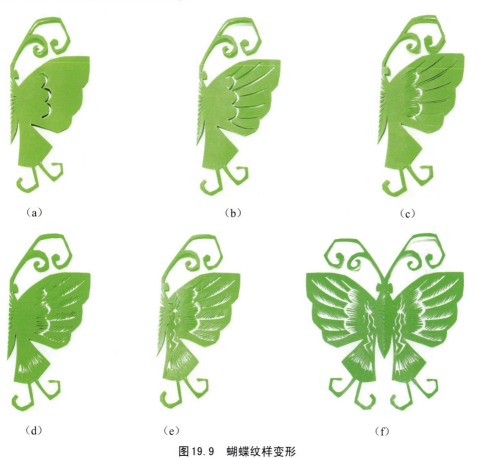

图19.9　蝴蝶纹样变形

纹样的组织与变化形式多样,只要不拘一格,摆脱束缚,就一定能剪出带给自己惊喜的纹样来。

（四）作业展示

作业示例如图19.10所示。

图19.10 作业示例

（五）创意无限

蝴蝶的美轻盈灵动，利用蝴蝶剪纸装饰家庭或公共环境能够产生良好的艺术效果。

准备彩色金属卡纸（有硬度、有光泽）、剪刀、双面胶。

将剪好的蝴蝶对折，在肚子的底部贴上双面胶。蝴蝶的翅膀上扬，仿佛要轻轻地落在桌上休憩（图19.11）。需要准备大小不同的蝴蝶剪纸20个左右。

图19.11 作品展示

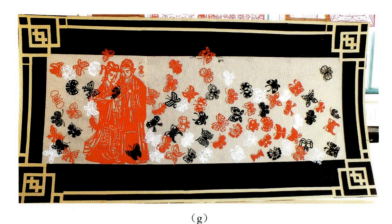

（g）

图19.11　作品展示（续）

（六）学生作业卡

设计制作一组蝴蝶装饰,要根据环境空间的大小来决定蝴蝶装饰的色彩和摆放形式,粘贴时注意蝴蝶的排列要有造型和疏密变化(图19.12)。

图19.12　蝴蝶装饰

纹样画稿如图 19.13 所示，蝴蝶纹样中有颜色的部分为镂空纹样。

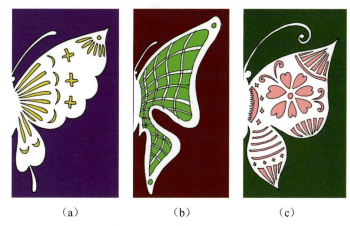

（a）　　　　　　　（b）　　　　　　　（c）

图 19.13　纹样画稿

第二十讲 立体彩球

一、导言

学习一门技艺,除了熟练地掌握技巧外,还要利用它为生活服务。本讲重在检验同学们的综合表达和创意能力。

二、观察与讨论

图20.1所示为两只立体彩球,观察它们分别是怎样组合在一起的?纹样处理上有什么不同?

（a）

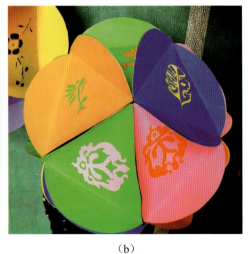
（b）

图20.1 立体彩球

三、总结

彩球有两种制作方法：一种球由12个圆面组成，每个圆面上有5个折面[图20.1(a)]；另一种球由20个圆面组成，每个圆面上有3个折面[图20.1(b)]。彩球是通过圆上的折面来进行粘贴组合的。剪纸纹样可以直接在圆面上镂空[图20.1(a)]，也可先用其他颜色的彩纸剪出纹样，再贴到圆面上[图20.1(b)]，两种效果都很独特。

需要准备的工具和材料包括：各色厚卡纸、剪刀、尺子、量角器、圆规、双面胶、铅笔等。

（一）基础知识

本讲是对剪纸与折纸、立体构成、组合、粘贴等技巧进行综合应用，只有认真细致地对待每一个环节，才能完成一件精致的艺术作品。

（二）基本技巧

本讲介绍彩球的结构、纹样设计、装饰形式、组合粘贴，重点介绍两种彩球球面的设计划分和纹样设计。

方法：用圆规画出大小合适的圆面。

如果是做20个圆面组合的彩球，就用剪刀剪出20个一样大小的圆面，以圆心为顶点，用量角器将每一个圆面分为3等份，然后将圆心与圆弧上的3个等分点分别进行连接，边缘处任意相邻两点之间画直线，最后把绿色的部分沿直线折一下（图20.2）。

如果是做12个圆面组合的彩球，就用剪刀剪出12个一样大小的圆面，以圆心为顶点，用量角器将每一个圆面分为5等份，然后将圆心与圆弧上的5个等分点分别进行连接，边缘处任意相邻两点之间画直线，最后把紫色的部分沿直线折一下（图20.3）。

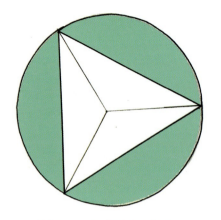
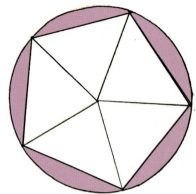

图20.2　20个圆、3个折面　　　　图20.3　12个圆、5个折面

纹样设计：因为要保留底面，所以彩球的纹样一般采用阴剪的方式进行镂空。镂空纹样可以利用点、线、面进行几何图形的重复组合[图20.4(a)、图20.4(b)]，也可以用具体图像进行组合[图20.4(c)]。不管采用哪种方式，纹样连接都必须紧密，图形和周围不能出现较大面积的缺连，否则容易塌陷。

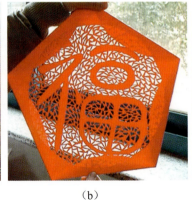

（a）　　　　　　　　　　　（b）　　　　　　　　　　　（c）

图20.4　彩球上的镂空纹样

(三)创作步骤

两种方案,大小自定(图20.5、图20.6)。

图20.5　20个圆组成,每个圆上有3个折面　　　图20.6　12个圆组成,每个圆上有5个折面

1. 制作步骤

以12个圆、5个折面为例。

(1)用圆规在厚卡纸上画出大小合适的圆面,依次裁剪出12个一样大小的圆面,色彩既可以统一,也可以五彩缤纷[图20.7(a)]。

(2)用量角器将圆面分成5等份,再将圆心与圆边缘的各等分点分别用直线连接,然后在边缘处相邻两点之间折出痕迹,共计5个折面[图20.7(b)]。为方便起见,可以两个一组,一起折面、画图并剪制,后用订书机装订。

(3)在圆的折面内部设计图案。图案设计既可以采用几何图形进行组合变化,也可以表现具体的事物。球体的每一个圆面上的图案应尽量统一,也可以两个一组加以变化[图20.7(c)]。

(4)镂空图案:圆面上的纹样之间必须连接紧密,不要出现过长的线条和周围缺连,以免彩球在潮湿天气时塌掉[图20.7(d)]。

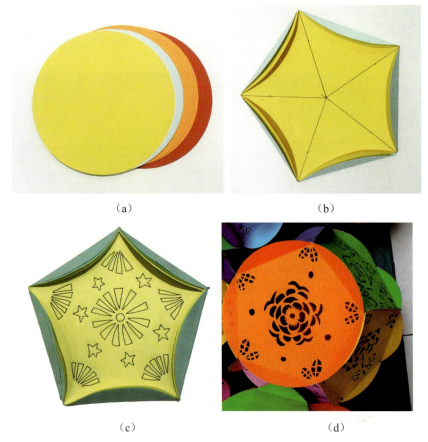

图 20.7 彩球剪制

2．粘贴步骤

12个圆面彩球：每6个圆面为一组进行粘贴，共两组。

（1）在其中一个圆的5个折面上贴上大小合适的双面胶，将5个折面分别与另外5个圆的一处折面进行粘贴固定[图20.8(a)、图20.8(b)]。

（2）将周围5个圆面相邻的侧折面也贴上双面胶并粘贴起来，形成一个半球[图20.8(c)]。

（3）重复以上步骤，将剩下的6个圆面粘贴成另外一个半球[图20.8(d)]。

（4）把两个半球合起来并粘贴在一起[图20.8(e)]。

提示：双面胶要贴满折面，以便将两个折面粘贴得严丝合缝；圆上的折面一般粘贴在球的外面会比较好看[图20.8(e)]，也可以粘贴到里面[图20.8(f)]。每5个圆面为一组进行粘贴，这样从任意角度看都有5个面。

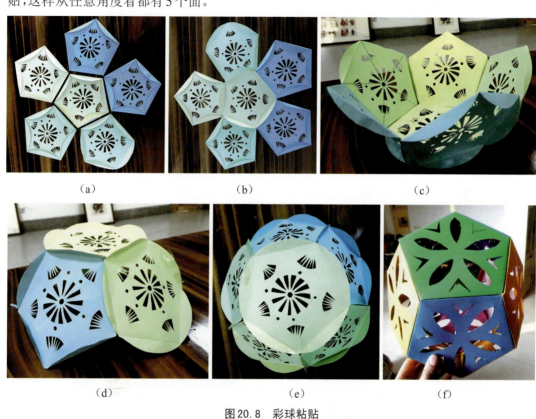

图20.8 彩球粘贴

20个圆、3个折面的彩球是怎样粘贴到一起的？以几个面作为一组呢(图20.9)？

（a） （b）

图20.9　20个圆、3个折面的彩球制作

（四）作业展示

作业示例如图20.10所示。

（a） （b）

图20.10　作业示例

（c）　　　　　　　　　　（d）

（e）　　　　　　　　　　（f）

图 20.10　作业示例（续）

（五）创意无限

立体彩球玲珑剔透，因此可以作为一种环境装饰品摆放或悬挂在家中或公共空间。如果在球内放上一个电灯泡，那么夜晚开灯后，剪纸上的镂空纹样就会映射在墙上，产生空灵的艺术效果（图 20.11）。

图20.11　作品展示

(六) 学生作业卡

运用学习的两种彩球制作技法进行创意设计。你能利用立体构成的原理做出其他样式的剪纸灯笼吗？

第二十一讲　剪纸团扇

一、导言

"裁为合欢扇,团团似明月。"古人时常将圆月与团扇联系在一起。因为团扇都是圆形的,形似明月,所以后来逐渐引申为对一个家庭的祝愿——团圆美满,合家欢乐。

二、观察与讨论

图21.1中的扇子都是用纸做的,既有动物装饰,也有花卉、文字装饰,你觉得好看吗?

图21.1　剪纸扇

三、总结

团扇的形状以圆形为主,也有花形、心形、椭圆形、芭蕉形、扇形等,材料也是各种各样。本讲介绍如何以纸为主要材料,以十二生肖为主题,结合花草、文字等制作一把剪纸团扇。

需要准备的工具和材料包括:剪刀、白色纸团扇、各色宣纸、国画色、胶棒等(图21.2)。

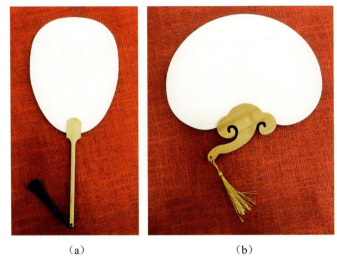

(a)　　　　　　　　　　(b)

图21.2　白色纸团扇

(一)基础知识

以各式各样的团扇为载体,利用剪制的纹样对团扇进行装饰,让它既实用又充满美感。

(二)基本技巧

本讲介绍的基本技巧为绘制十二生肖画稿,重点是动物造型和装饰纹样的组合。

动物造型:动物轮廓要简洁,以团状为主,夸张主要特点,简化繁杂与不重要的部位,使其看起来精神饱满。

装饰纹样:由锯齿纹、花卉纹样、吉祥纹样(或点、线、面的有序排列)三个部分构成。

锯齿纹:锯齿纹可以和直线、弧线自由组合出不同的纹样,如直线锯齿、弧线锯齿等,它们是花纹的一部分(图21.3)。

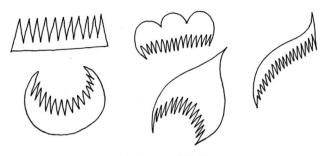

图21.3 锯齿纹

花卉纹样：以四季代表花卉为主——牡丹、荷花、菊花、梅花，也可以是你喜欢的其他花卉纹样。

梅花是由中心向四周呈放射状排列，牡丹、荷花、菊花是由中心向两侧排列（图21.4）。

图21.4 花卉纹样

吉祥纹样：以回纹、贯钱纹、"寿"字纹、团"福"字纹、"万"字纹等吉祥符号为主（图21.5）。

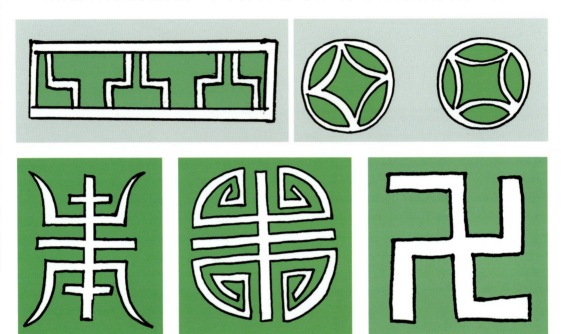

图21.5　吉祥符号

点、线、面有序排列。

十二属相画稿范例：

（1）老鼠（图21.6）：装饰纹样以直线锯齿纹或弧线锯齿纹为主，亮点集中在眼睛和臀部，用梅花纹装饰臀部，小空处辅以有序排列的圆点和月牙纹。

图 21.6 老鼠

(2) 牛(图 21.7):装饰纹样以直线锯齿纹或弧线锯齿纹为主,用牡丹纹装饰臀部,小空处辅以有序排列的月牙纹、点、线。

图 21.7 牛

(3) 老虎(图 21.8):装饰纹样以直线锯齿纹或弧线锯齿纹为主,用风转纹装饰臀部,吉祥符号使用重复排列的贯钱纹,小空处辅以有序排列的点、线。

图21.8 老虎

(4)兔子(图21.9):装饰纹样以锯齿纹为主,用荷花纹装饰臀部,吉祥符号使用重复排列的"十"字纹,小空处辅以有序排列的点、线。

图21.9 兔子

(5)龙(图21.10):装饰纹样以直线锯齿纹或弧线锯齿纹为主,用梅花纹、贯钱纹提精神,辅以有序排列的长弧线、直线、月牙纹。

图 21.10　龙

（6）蛇（图 21.11）：装饰纹样以弧线锯齿纹为主，用荷花纹、梅花纹、菊花纹、牡丹纹寓意一年四季吉祥美好，小空处辅以有序排列的贯钱纹、点、线。

图 21.11　蛇

（7）马（图 21.12）：装饰纹样以弧线锯齿纹为主，用吉祥符号团"福"字和树叶纹装饰臀部,小空处辅以有序排列的弧线、点。

图 21.12 马

(8) 羊(图 21.13):装饰纹样以直线锯齿纹或弧线锯齿纹为主,用小鸟纹装饰臀部,吉祥符号为连续的回纹,小空处辅以有序排列的点、月牙纹。

图 21.13 羊

(9) 猴(图 21.14):装饰纹样以桃花纹为主,吉祥符号为"寿"字纹,辅以有序排列的弧线锯齿纹、树叶纹、点。

图21.14 猴

（10）鸡（图21.15）：装饰纹样以柳叶纹、月牙纹、弧线纹为主，用梅花纹和钱币纹装饰臀部，辅以有序排列的点、线。

图21.15 鸡

（11）狗（图21.16）：装饰纹样以弧线锯齿纹为主，用风转纹装饰臀部，吉祥符号为"十"字纹,辅以有序排列的点、线、水滴纹。

图21.16 狗

（12）猪（图21.17）：装饰纹样以直线锯齿纹或弧线锯齿纹为主,用梅花纹、"万"字纹装饰臀部与腹部,吉祥符号用贯钱纹,辅以有序排列的点、线。

图21.17 猪

画面装饰:除了动物纹饰外,扇面周围还可以装饰花纹或蝴蝶、文字等,具体需结合扇面面积进行合理排布(图21.18)。

图21.18　画面装饰纹样

(三) 创作步骤

(1) 剪纸纹样需要与团扇大小相匹配,可先将团扇放在宣纸上,再用铅笔画出轮廓[图21.19(a)]。

(2) 例如,以兔子作为创作主题,用梅花纹和折线进行纹样装饰,画出完整的剪纸画稿[图21.19(b)]。

(3) 将画稿放在两张彩色宣纸上,将它们装订起来并一起剪(里面可以加一张白色宣纸,用于彩色点染),剪完后可以分别贴在不同的团扇上[图21.19(c)]。

(4) 用胶棒在团扇上均匀地涂胶,再把剪好的图案放在涂好胶的团扇上,然后用一张干净的白纸覆盖在剪纸上,轻轻地压平,最后揭开即可[图21.19(d)]。

(5) 将用喷漆喷好颜色的剪纸纹样贴在扇子的背面[图21.19(e)]。

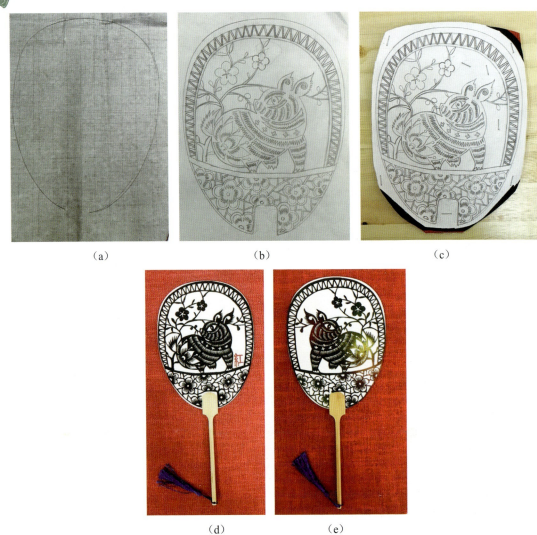

图21.19 团扇制作

图21.20所示为王凤杰自制的小扇子,扇面装饰了彩色的小鱼、水草、文字、章,看起来很生动,你也可以试一试。

图21.20　鱼趣

（四）作业展示

作业示例如图21.21所示。

创意剪纸

图 21.21　作业示例

图 21.22 所示为毕淙淙老师的彩色动物剪纸作品,作品为黑色剪纸,纹样背面用彩色纸衬托。你觉得好看吗?

(a) (b) (c)
(d) (e) (f)

图 21.22　彩色动物剪纸

（五）创意无限

纸扇有各式各样的造型，图 21.23 所示为王倩倩老师的纸扇作品，利用不同纸材创作的作品会产生不一样的情感。另外，纸扇的画面装饰不一定要满，最重要的是意境和韵味的表达，你能试试吗？

图 21.23　纸扇作品展示

（六）学生作业卡

设计制作一把有趣的剪纸团扇。

第六篇

创意应用

第二十二讲 五彩软木杯垫

一、导言

软木杯垫不仅隔热,还能美化生活,是居家必备的生活实用品。利用剪纸对软木杯垫进行包装可以产生奇妙的装饰效果。

二、观察与讨论

欣赏图22.1所示的两个五彩软木杯垫,思考一下它们在制作时有什么窍门?

图22.1 五彩软木杯垫

三、总结

（一）基础知识

杯垫是用来放杯子的底垫，也是装饰桌子的小饰物，既具有实用性，也具有艺术性。即时贴自带黏胶，在剪出图形后可以直接贴到软木杯垫上。本讲介绍的是利用原木杯垫和即时贴两种材料进行组合设计，并通过彩色剪纸技法进行制作，快捷、方便地为美化生活服务。

需要准备的材料有各色即时贴和各种型号软木杯垫（图22.2）。

（a） （b）

图22.2 即时贴和软木杯垫

（二）基本技巧

本讲介绍的是利用彩色剪贴进行灵活多样的剪纸创意杯垫的设计。利用剪纸的重复性特点进行纹样的重复排列，将看似复杂的图形拆解为简单的点、线、面组合。

（三）创作步骤

（1）选择大小合适的软木杯垫，以瓶花为主题进行设计构思。

（2）将黑色即时贴对折，剪出花瓶的形状，并在不同的部位局部折叠，进行重复纹样的剪制，剪完后撕下后面的白纸，并将花瓶粘贴到黄色即时贴上[图22.3（a）]。

（3）将花瓶沿黄色轮廓剪下，再把它贴到软木杯垫底部[图22.3（b）]。

（4）选择一块玫红色即时贴，折叠4层后在上面画出6条弧线锯齿纹，剪出它们，一共24条，将它们作为花头。需要的话，弧线锯齿纹也可以多画几个[图22.3（c）]。

（5）将所有的弧线锯齿纹由中心向四周呈放射状排列，形成圆形花头，并根据配色需要，将花头粘贴到粉色即时贴上[图22.3（d）]。

（6）每两个一组，剪出4片大小不同的绿色树叶，并将它们粘贴到嫩绿色即时贴上[图22.3（e）]。

（7）将花和叶都沿轮廓剪下来，并摆放在瓶子上方。如果位置合适，那么可以直接粘贴到软木杯垫上[图22.3（f）]。

（8）根据画面造型、色彩的需要，剪十几个大小不等的嫩绿色圆圈放在不同位置，使画面看起来更协调[图22.3（g）]。

（9）为了让彩色软木杯垫持久耐用、有光泽，还可以在上面涂一层清漆[图22.3（h）]。

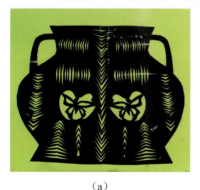

（a）

（b）

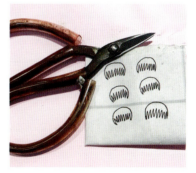

（c）

图22.3　五彩软木杯垫的创作步骤

图22.3 五彩软木杯垫的创作步骤（续）

（四）作业展示

作业示例如图22.4所示。

图22.4 作业示例

(五) 创意无限

作品如图22.5所示。

创意剪纸

218

图22.5 作品展示

(六)学生作业卡

和家人一起设计制作几个造型独特的杯垫吧。

第二十三讲　小书签，浓书香

一、导言

生活中总有一些事和物让人怦然心动。对于爱书之人，一张小巧玲珑的书签是阅读时必不可少的伙伴。读书之余欣赏一下精美的艺术书签，无疑会平添许多情趣。

二、观察与讨论

书签的图案可以印刷、手绘、剪刻等，书签的制作形式不拘一格，只要你喜欢就可以。欣赏图23.1所示的4幅作品，你喜欢这样的表现形式吗？

（a）福葫芦　　　　（b）静　　　　（c）春　　　　（d）春暖花开

图23.1　书签图案

三、总结

（一）基础知识

书签起源于春秋战国时期,那时的书签被称作牙签,用竹片制成。每当读书人在卷轴中看到重要的信息时,便将牙签插于此,以便日后查阅。宋朝以后,制作书签的材料越来越丰富,读书人对书签的制作也越来越讲究,他们喜欢把一些诗词、警句、座右铭等写在书签上,有的人还在书签上画上装饰画。现在,书签的种类、形式、制作材料更加丰富多彩,也更具个性化。

需要准备的材料以硬质彩色卡纸为主,配以小流苏。此外,也可以使用树叶来制作书签,还可以网购一次成型的书签制作材料包(图23.2)。

图23.2　书签

（二）基本技巧

书签的主要制作环节包括书签的形状选择、内容构成、表现形式、剪制技巧等。

常用书签形状:一般是长方形(图23.3)。长方形书签多加边框,边框顶部可以加个圆圈,用来系流苏。边框可以实心,也可以镂空,镂空纹样以有秩序的重复纹样为主,作为主要纹样的陪衬。边框外也可装饰一些小的纹样。

书签的构成:带有精神勉励的文字或合适的剪纸纹样。

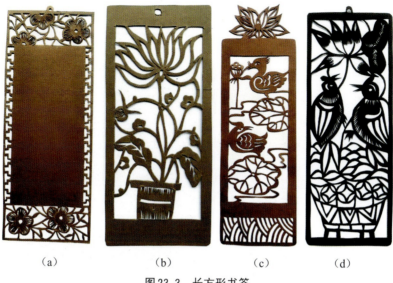

(a) (b) (c) (d)

图 23.3 长方形书签

不规则形状的书签：有树叶形、葫芦形、荷花形、花瓣形等（图 23.4）。

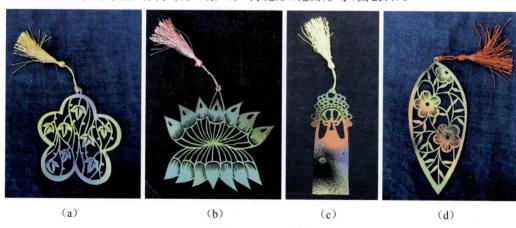

(a) (b) (c) (d)

图 23.4 异形书签

数量与内容：书签既有单张或双张的，也有 10 张或 12 张成套的。颜色既有单色也有彩色，图案有四季花卉、风景名胜、戏曲人物、成语警句等。

表现形式：既可以在背景上进行彩色粘贴，也可以直接镂空。既可是单色，也可是彩色（图 23.5）。

（a）

（b）

图 23.5　不同表现形式的书签

（三）创作步骤

1. 以彩色剪贴技法为例

充分利用剪纸纹样的重复性特点。

（1）准备一张现成的剪纸范例（也可以自己画一张），提取里面的主要纹样丹顶鹤、花、叶[图 23.6(a)]。

（2）画出丹顶鹤的外轮廓和部分结构纹样，并用合适的色纸剪出来[图 23.6(b)、图 23.6(c)]，鹤身上的其他装饰纹样需要用别的色纸剪出后再贴上。

（3）花和叶的主要构成纹样为锯齿纹，在合适的色纸上画出花瓣和叶子，色纸可以根据其厚度折叠 2~4 层，这样只画一片叶子或者花瓣就能剪出来 2~4 片，大大提高效率[图 23.6(d)、图 23.6(e)]。

（4）将花瓣和叶子剪下来，再贴到合适的背景纸上，然后将它们沿轮廓剪下来[图 23.6(f)、图 23.6(g)]。

（5）将剪下的所有小局部摆在一张大的背景纸上，觉得合适后，用胶棒将它们粘贴在背景上，可以在不满意的地方添加细节[图 23.6(h)]。

(6) 根据图案的形状，将其裁剪成圆形轮廓，并在上方留一个小圈，用来系流苏[图23.6(i)]。

图23.6　彩色剪贴书签制作

提示：作品的最终呈现效果不见得要和原稿一样，图23.6(a)中左侧花纹的纹样组织就和最终的书签不一样。同学们要结合实际情况进行处理，只要能在画面中建立新的和谐即可。

2. 拼画

确定黑、白、红三色为主色进行搭配。将画面中出现的所有物象用不同色彩剪出来，再拼成一幅画。

用红色纸剪出两个不同的小姑娘形象，将其作为主体纹样粘贴到黑色背景上。将白色纸折叠，并画出猫和云彩作为装饰纹样，一次多剪几个以放在不同的位置。上下两端装饰的连续纹样可以将白纸一次折4层，如此每剪出一条回纹，打开后便能得到4条，然后将它们分别贴到两张画的上部和下部（图23.7）。这样做是不是很简单有趣？你能试试吗？

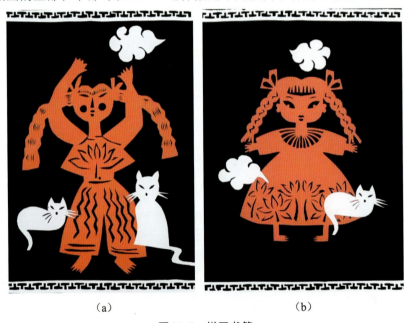

图23.7　拼画书签

3. 镂空

(1) 在准备好的卡纸上勾勒出要刻画的物象——冬日小景[图23.8(a)]。

(2) 用刻刀直接在卡纸上镂刻出纹样[图23.8(b)]。

(3) 在书签的最上面钻孔，系上流苏[图23.8(c)]。

（a）　　　　　　　　（b）　　　　　　　　（c）

图 23.8　镂空书签

（四）作业展示

作业示例如图 23.9 所示。

（a）　　　　　　　　（b）　　　　　　　　（c）

图 23.9　作业示例

（d）

（e）

（f）

图 23.9　作业示例（续）

（五）创意无限

图 23.10 所示为范云老师的树叶剪纸作品，使用这样的书签是否很有情趣呢？

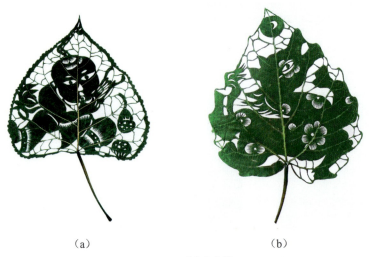

（a）　　　　　　　　　　（b）

图 23.10　树叶书签

（六）学生作业卡

书签画稿范例如图23.11所示。

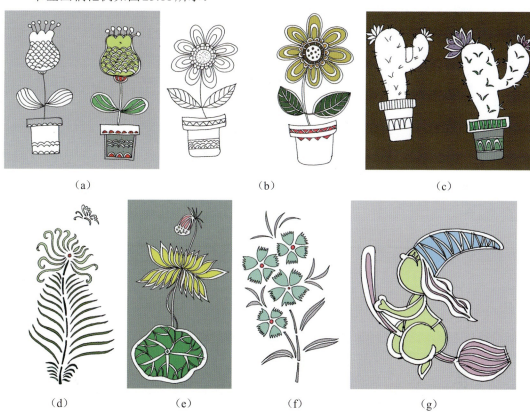

图23.11 书签画稿范例

和同学一起制作一些个性书签吧。

第二十四讲　纸盘、纸碗剪纸装饰

一、导言

　　一次性纸盘、纸碗是日常生活中的常见物品,用完就丢,实属浪费。以它们为载体,以剪纸为媒介,可以创意出很多有趣的小东西。剪纸作为一种传统技艺,技术层面的表达仅是初级阶段,唯有创意才能使其不断焕发新的生命力。我们从来不缺发现美的眼睛和古灵精怪的创意,一起来试试吧!

二、观察与讨论

　　欣赏图24.1所示的3个烟台民间纸笸箩,你知道它们是怎么制作的吗?上网查阅一下相关的资料吧。

(a)　　　　　　　　　　(b)　　　　　　　　　　(c)

图24.1　纸笸箩

三、总结

纸笸箩是流行在胶东民间的一种纸质容器。笸箩有大有小，一般小的用来盛放针头线脑等杂物，大的用来盛放衣物、食品等。纸笸箩的制作程序比较复杂，先将一些废旧报纸等放入一个器皿中并加水泡碎，再用木棍搅拌黏稠，然后掺入面粉做的糨糊，形成纸浆，找一个你喜欢的器具——盘子、碗或烟灰缸等作为模具，将纸浆一层层拍打到模具上，拍打均匀后，放在通风处，待模具上的纸浆半干后取下，纸笸箩就做成了。这时候再根据自己的喜好将纸笸箩的内外裱上一层干净光滑的纸，纸上既可以画画，也可以剪贴。画面一般色彩艳丽，以连续纹样和主体纹样相结合来进行装饰，纹样主题大多是吉祥健康、繁衍子嗣。

（一）基础知识

纸笸箩的制作技法包括糊、粘、缝、剪、画等，本讲介绍的是纸盘、纸碗创意，借鉴纸笸箩的制作方法来表现当代生活，有条件的话可以尝试用纸浆制作各种形状的纸笸箩。为了方便，既可以直接从美术用品店购买一次性纸盘、纸碗，也可以对家里的糖盒、首饰盒、鞋盒等进行剪纸装饰。

需要准备的工具和材料包括：各种造型的纸盒、一次性纸盘或一次性纸碗、彩色手工纸、即时贴或者色宣纸、水粉色、水粉笔、调色盘、水杯、胶棒等（图24.2）。

图24.2　工具和材料

（二）基本技巧

本讲是彩色剪纸的进一步延伸，重点是色彩搭配和制作技巧，只是在表现形式上，从原来的纸上转移到盘子、碗、盒子上，涉及的主要技巧包括涂色、剪贴、衬色等，涂色要均匀，色彩搭配要和谐。

（三）创作步骤

1. 以纸盘为例

（1）选择不同颜色的水粉涂在各种型号的纸盘、纸碗上。因为盘子是白色的，第一遍一般不能完全盖住盘面，需要干后再涂第二遍，直至颜色完全均匀[图24.3（a）]。

多涂几个纸盘，备用。

（2）选择一个赭石色纸盘，用与背景色相近的咖啡色即时贴剪出对称的小姑娘形象[图24.3（b）]。

（3）展开小姑娘后，撕下背面的胶纸并粘贴到纸盘上[图24.3（c）]。

（4）将红色和黄色即时贴对折，并画出树叶，剪制后作为衣服上的装饰；将浅灰色即时贴对折，并画出圆圈数个，剪制后作为盘边装饰[图24.3（d）]。

（5）将剪下来的小装饰纹样撕下背面的胶纸后贴到盘子上[图24.3（e）]。

（6）贴上脸部造型，并根据画面效果增加一些表现盘子细节的装饰纹样。还可以刷一层清漆，以保护画面色彩，使其不易脱落[图24.3（f）]。

（a）

（b）

图24.3　纸盘制作

图24.3　纸盘制作（续）

提示：一次性纸盘、纸碗有各种颜色，如白色、咖啡色等，还有带图案的。如果是带图案的纸碗，那么需要先涂色，把图案盖住后，再进行装饰。装饰材料可以选用即时贴，剪制后可以直接贴上。如果用彩纸粘贴纸碗的话，那么胶很容易与水粉色混在一起，导致画面脏乱。

2. 利用剪纸的重复性特点

找一个废旧的纸盒子，在盒子的表面粘贴上一层白色宣纸，宣纸一定要从盒子的正面包到盒子的侧面，然后把边缘隐藏于背面的内侧。设计一个树叶图案，分别画在两种折叠好的不同颜色的宣纸上，一次剪出多个，按照盒子的大小有秩序地排列好"树叶"，图案形状相同，只是在色彩上加以变化,这种方法既简单又时尚(图24.4)。

提示:盒子表面不一定非要包白色宣纸,其他颜色的纸也可以,只要搭配的剪纸图案和背景色彩两者和谐即可。

（a）　　　　　　　　　　　　　（b）

图24.4　纸盒

（四）作业展示

作业示例如图24.5所示。

（a）　　　　　　　　（b）　　　　　　　　（c）

图24.5　作业示例

图 24.5 作业示例(续)

(五) 创意无限

图 24.6 所示为学生使用鞋盒子创意出的外包装,主要材料为各色宣纸。该创意既有对蒙德里安《红黄蓝构图》的模仿,也有用色纸拼贴出的"青春文艺"气息,充满现代感,你觉得好玩吗?试试吧!

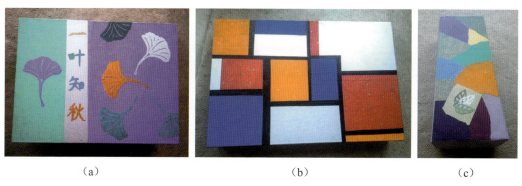

图 24.6 作品展示

（六）学生作业卡

运用学过的彩色剪纸技法，选择合适的纸盘、纸碗或麦当劳大桶进行剪纸创意，并用它来装饰你家的墙壁吧（图24.7）。

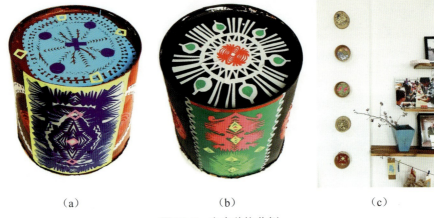

（a）　　　　　　　　（b）　　　　　　　　（c）

图24.7　家庭装饰范例

第二十五讲　小镜框，展风采

一、导言

纸的可塑性比较强，可剪、可折、可卷，可平面、可立体，变化多端。将折纸原理和镂空的剪纸技艺进行结合，能迸发出意想不到的美妙火花。

二、观察与讨论

欣赏图25.1所示的3个纸镜框，观察它们的形状，说说它们分别是怎样构成的？装饰纹样集中在哪里？

（a）

（b）

（c）

图25.1　纸镜框

三、总结

（一）基础知识

纸镜框一般为正方形或长方形，镜框的4个边框运用折纸原理做成长方体凸起，镜框的装饰纹样主要集中在镜框四周凸起的边框上，既可以直接镂空出连续纹样，也可以用彩纸剪好纹样后再进行粘贴。镜框的颜色深浅均可，应根据需要进行选择。

（二）基本技巧

本讲介绍的基本技巧是纸镜框的折制和剪纸纹样装饰，灵活运用此技巧可以制作出各种漂亮的剪纸镜框。

（三）创作步骤

（1）在4开厚卡纸的4条边上用尺子量出宽度均等的4等份，每份的宽度为2厘米。宽度应根据具体情况选择[图25.2(a)]。

（2）在卡纸的4个角上画出飞鸟状图案[图25.2(b)]，具体方法见[图25.2(c)—图25.2(e)]。

（3）将4个角上的飞鸟图案剪掉[图25.2(f)]。

（4）在四周凸起的立方体上设计镂空纹样，纹样以有秩序的连续纹样为主，可以在折叠前把纹样画在由内向外的第二个平面上，纹样在镂空时尽可能避开两侧的折线，以免增加折叠难度。本例中有3个连续纹样在第二个面上，1个连续纹样在第一个面上[图25.2(g)]。

（5）镂空完纹样后，沿着尺子用刀背在每条折线上划一道折痕，以方便折叠。然后，在四周边框最外侧的面背部粘上双面胶，沿着折痕折进去后再粘贴到底面，4个面正好折叠出一个长方体。粘好后应注意观察4个角斜线的密封程度，如黏合得不够紧密，则与开始制作时不够细致有关，可在角上装饰纹样以掩盖不够美观的部位[图25.2(h)、图25.2(i)]。

（6）将染色的剪纸先粘贴到白色纸张上，然后将白纸的上部和下部折叠成三棱锥，再将白纸粘贴到纸镜框的中间部位[图25.2(j)、图25.2(k)]。

（7）在边框的纹样设计过程中，有一组纹样在由内往外的第一个面上，因此折叠后，该纹样出现在侧面,在纸镜框挂到墙上后就可以从侧面看到它[图25.2(l)、图25.2(m)]。

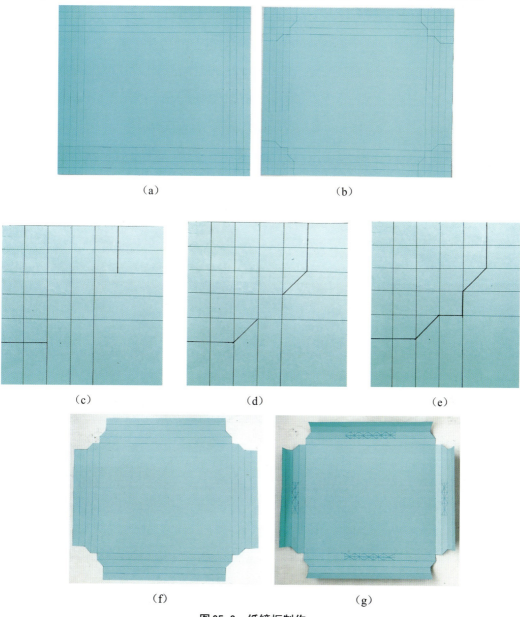

图 25.2　纸镜框制作

图25.2 纸镜框制作(续)

（四）作业展示

作业示例如图25.3所示。

（a）　　　　　　　　　　　（b）　　　　　　　　　　　（c）

（d）　　　　　　　　　　　（e）　　　　　　　　　　　（f）

图25.3　作业示例

（五）创意无限

纸镜框集平面与立体创意于一体，中间的装饰部位一般为平面，四周多由立体构成，既可以是4个面，也可以是3个面；既可以是长方体，也可以是三棱柱，还可以是圆柱体。图25.4所示为异形纸镜框，四周边框为三棱柱，大小不等，两侧的装饰纹样是对折剪制而成的。

你能做出一个有趣的纸镜框吗?

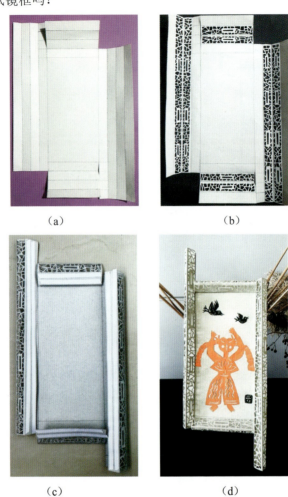

图25.4 异形纸镜框

（六）学生作业卡

灵活运用纸镜框制作方法，独立设计一款个性独特的纸镜框，既可以用你或家人的照片装饰，也可以用剪纸或其他手工装饰。

第二十六讲　个性手提袋

一、导言

"融合"是剪纸艺术在当代发展的基本方向。利用剪纸玲珑剔透的艺术特点,与现代生活进行结合创意,可以产生极具冲击力的视觉效果。本讲介绍的是将手提袋与剪纸装饰进行结合,考察同学们进行综合创意的能力。

二、观察与讨论

欣赏图26.1所示的两个纸质手提袋,观察手提袋的形状,说一说它们由几个部分构成?装饰纹样有什么特点?

（a）

（b）

图26.1　纸质手提袋

三、总结

（一）基础知识

纸质手提袋（以下简称纸袋）的前后两个面一般为长方形或正方形，以长方形居多，底面宽度可根据需要自定。一个纸袋由5个面构成——前面、后面、左面、右面、底面。前后两个面大小相等，确定纸袋的宽度和高度；左右两个面大小相等，确定纸袋的厚度。纹样装饰以剪纸为主，剪纸以主体纹样为主、连续纹样为辅，主要集中在前、后两面。纹样可以直接在纸袋上镂空，也可以剪好后贴上。

需要准备的材料和工具包括：牛皮纸、彩色卡纸、双面胶、裁纸刀、剪刀、铅笔、麻绳等。

（二）基本技巧

本讲介绍的主要技巧包括纸袋的折叠、纹样设计、镂空、粘贴组合。

（三）创作步骤

（1）准备一张4开灰色卡纸，幅面尺寸为53.8厘米×26厘米（长宽比例不是固定的，可根据卡纸的大小灵活选择）。因为纸袋的前后两个面大小相等，左右两个面大小相等，所以一张卡纸可以围成一个长方体。确定前面和后面的宽度为19厘米，左面和右面的宽度为6.5厘米。因为左侧一个小面要与右面粘接在一起，所以这个小面的宽度可以小点，确定宽为2.8厘米。卡纸的上端因为要穿绳带，所以需要厚一点，在卡纸的上端画一条线用来折叠，距顶边3厘米。在前后两个面的最上端分别设计出间距相等的两个圆孔，用来拴绳子。在卡纸的下端画出一条线，距底边5厘米（可小于两个侧面的宽度），折叠后作为底面。在纸袋的前面画出竖式剪纸连续纹样，可以将纸面直接镂空[图26.2(a)]。

（2）按照图26.2(a)所示方法再画一张纸袋平面图。将卡纸上画出的线全部折出痕迹。两个侧面再折出一条中线，便于折叠存放。镂空纹样确定为半圆形[图26.2(b)]。

（3）将纸袋最上面的一条线沿折痕折进背面[图26.2(c)]。

（4）用剪刀或刻刀镂刻出装饰纹样，并将最上面的两个圆孔镂空[图26.2(d)]。

（5）在左边小侧面上贴上双面胶[图26.2(e)]。

(6) 将左边小侧面与右侧面重合并粘贴在一起[图26.2(f)]。

(7) 在底部,将两个侧面沿直线向内折,每个折面自然形成两个斜面[图26.2(g)]。

(8) 将两个斜面按照先后顺序交叠粘贴在一起[图26.2(h)]。

(9) 用两根带子穿进纸袋的孔里,完成制作[图26.2(i)]。

(10) 纸袋的后面可以用彩色剪贴法来粘贴一朵花[图26.2(j)]。

(11) 根据设计,可以直接在纸上镂空纹样,然后在镂空纹样的背面衬黄色纸,纸袋后面的图案选择彩色剪贴进行装饰[图26.2(k)、图26.2(l)]。

提示:纸袋的尺寸不是固定的,同学们可以根据需要自行确定。卡纸一般呈横长方形,长度大约是宽度的两倍。需要做大纸袋的话,可直接购买1开的厚牛皮纸或色卡纸。

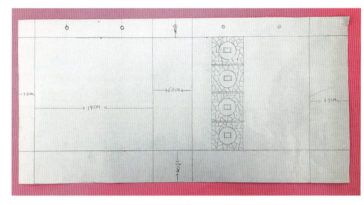

(a)

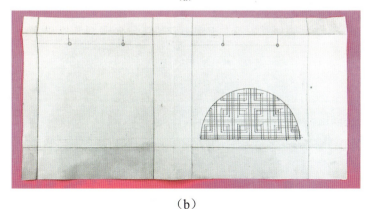

(b)

图26.2 纸质手提袋制作

图26.2 纸质手提袋制作步骤(续)

（k）　　　　　　　　　　　（l）

图 26.2　纸质手提袋制作（续）

（四）作业展示

作业示例如图 26.3 所示。

（a）　　　　　　　　（b）　　　　　　　　　　（c）

图 26.3　作业示例

(d) （e） （f）

图 26.3 作业示例（续）

（五）创意无限

图 26.4 所示的两个纸袋都很独特。左侧的牛皮纸袋除了使用剪纸装饰纹样之外，还使用了咖啡色与白色纸条编织而成的交叉纹样，这种对传统手工技法的灵活运用使纸袋看起来十分漂亮；右侧纸袋的抓手部分也很有个性。你能做出更有趣的纸袋吗？

(a) （b）

图 26.4 作品展示

（六）学生作业卡

根据个人喜好，选择合适的纸张材料和颜色进行纸袋创意，制作一个颇具个性的纸质手提袋吧。

第二十七讲　创意植绒纸服装

一、导言

随着新材料、新技术的不断丰富和发展,创意服装的花样不断翻新,总体上呈现多样化和个性化的态势。植绒纸是一种新型材料,色彩鲜艳,柔韧性较好,是很适合制作创意服装的实验材料。

二、观察与讨论

图27.1中三位姑娘穿的衣服分别是用宣纸、拷贝纸、不织布、植绒纸制作出来的,每种材料呈现的效果各不相同,你能分辨出三位姑娘身上的衣服分别对应的是哪种材料吗？你最喜欢哪一种？

图27.1　剪纸服装

三、总结

图中左侧姑娘身上的衣服和中间姑娘的裙子都是用彩色宣纸与拷贝纸制作的，将剪好的宣纸纹样贴到拷贝纸上完成制作。拷贝纸有厚有薄，一般选用薄的，薄的柔软、光滑、透明、有磨砂效果。拷贝纸的缺点是容易烂，只适合进行短期表演。中间姑娘的绿色斗篷是用不织布制作的，这种材料厚、不易烂、韧性强，缺点是有点硬。右边姑娘身上的服装是用植绒纸制作的，植绒纸色彩丰富艳丽、手感好、弹性好、制作效果好，比较适合舞台展示和走秀。

（一）基础知识

用植绒纸制作服装，一般以女孩子的裙装为主，服装既可以分上下两个部分，也可以上下一体。此外，还可以制作配套的披肩、头饰、耳饰，以及手臂或脚腕处的小型装饰。植绒纸比普通纸张厚，剪的时候也略有差异。植绒纸有正面和背面之分，正面颜色鲜艳、有绒，图案一般画在背面，可使用粉笔或者钢笔。

需要准备的工具和材料包括：植绒纸3~4米（以大红色为宜）、粉笔、钢笔、彩色线绳、双面胶、订书机、耳钩、发卡、彩色小夹子等。

（二）基本技巧

本讲介绍剪纸服装的制作方法和剪制方法。

制作方法：服装一般分前片和后片两个部分，因为人体是左右对称的，所以不论是上衣还是裙子，先将大小适宜的植绒纸上下对折，再左右对折，画出衣服的1/4就可以了，然后剪出领口和袖口。纹样设计要阴剪和阳剪结合，阴剪以面为主，阳剪以线为主。一般而言，植绒纸制作的衣服要比身体肥，否则容易撑烂。纹样设计要紧密，充分体现线线相连的制作特点。禁止出现较长的线和周围缺连。

剪制方法：剪制前先用订书机固定植绒纸，否则容易错位。因为制作服装时占用的地方比较大，所以需要一块较大的区域以便操作。制作服装中间部位的纹样时，需要在纹样之间先抠出几个面积较大的洞，然后将手伸进去抓着剪，也可以用刻刀来制作（图27.2）。

(a) (b)

图27.2 制作现场

(三)创作步骤

服装造型既可以是对称的,也可以是非对称的。如果是非对称图形,则可直接将植绒纸上下折叠为两层,前后各一片即可。纹样可以前后两片一样,也可以不一样。如果是对称图形,则直接上下左右折叠为4层,再画出纹样的1/4即可(图27.3)。

(a) 折叠图   (b) 展开图

图27.3 剪纸服装造型

下面以无袖上衣、裙子、围巾等为例,介绍植绒纸服装的制作过程。

1. 上衣

(1) 将植绒纸先上下对折,再左右对折,然后画出上衣的1/4。纹样主要集中在领口、下摆和胸部。胸部主体纹样为金鱼,设计为阴剪;领口与下摆处主要为连续纹样,设计为阳剪。左右两侧的上下各加两条带子,用来连接前后两片衣服[图27.4(a)]。

(2) 用订书机在空隙处固定4层植绒纸,阳剪出领口与下摆[图27.4(b)]。

(3) 阴剪出胸部的金鱼[图27.4(c)]。

(4) 展开完成剪制,上衣在穿到身上后,其左右两侧的带子用彩色小夹子夹住或胶粘住[图27.4(d)]。

提示:肩膀处是前后连接的,穿到身上后肩膀会显得太直、太挺、不够柔和,所以需要在左右肩膀处将上衣倾斜着往里折进去一点,并在内部粘牢,这样衣服就能与身体较好地贴合[观察图27.4(c)、图27.4(d)在肩膀处的区别]。

图27.4 上衣剪制

2. 裙子

（1）将大小合适的植绒纸上下左右对折，画出裙子的轮廓（上窄下宽），主体花纹为两朵花，下摆处主要为回纹连续纹样和流苏，右侧设计4条带子作为连接处[图27.5(a)]。

（2）用订书机将纹样空隙处订牢，剪制出纹样[图27.5(b)]。

（3）在最上面的折线处剪下一条线，将前后两片分开[图27.5(c)]。

（4）展开，完成制作，根据模特身型将两侧的带子粘贴上即可[图27.5(d)]。

图27.5　裙子剪制

3. 围巾

围巾和披肩的制作方法相同,都是使用二方连续纹样的制作方法,连续重复即可,区别只是一宽一窄。围巾和披肩都可以加流苏,也可以不加(图27.6)。

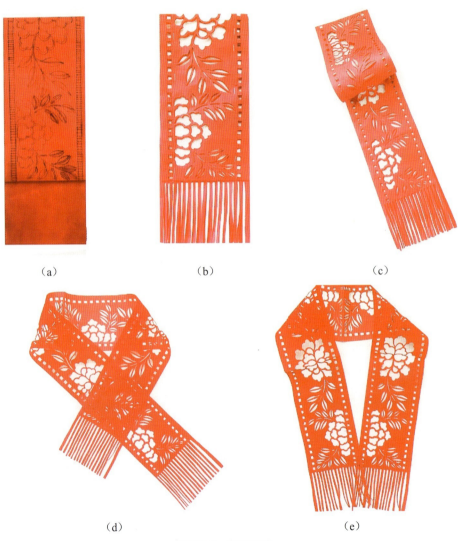

图27.6 剪纸围巾

4. 整体效果图

剪纸服装整体效果如图27.7所示。

（a） （b）

图27.7 剪纸服装整体效果

提示：植绒纸服装的前后两片除了用带子连接之外，也可以在两片衣服的边缘钻几个眼，用彩绳穿起来系住。彩绳既可以满足连接的实用性需求，又可以作为服装装饰。

5. 耳饰与头饰的制作

耳饰尽量夸张，可以做得大一些，然后直接用耳钩挂上即可[图27.8(a)、图27.8(b)]。没有耳洞的模特可以将剪好的耳饰用胶直接粘贴到耳朵上。

头饰可以用色卡纸制作好后用夹子夹到头上[图27.8(f)]，也可以剪出几个大小不同的花，然后将花摞起来固定在头上[图27.8(e)]。植绒头饰相对较软，因此要立在头上时需要采取一些措施，小型的可以用发夹固定[图27.8(d)]，而大而挺拔的头饰，需要在老师的指导下操作，为了美观起见，可以一次剪一对头饰，两片头饰中间用铁丝和热熔胶固定。铁丝要选择细软的可以随意弯曲的，一般围着头饰的轮廓绕一圈即可，也可以在中间的纹样部位粘贴几条,这样头饰就可以立在头上了。因为服装有两片,所以无论从前面看,还是从背面看,都很漂亮[图27.8(c)]。

图27.8 剪纸头饰与剪纸耳饰

(四)作业展示

作业示例如图27.9所示。

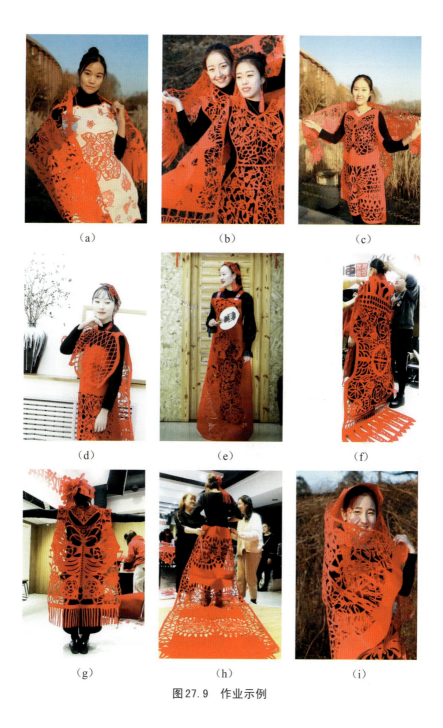

图27.9 作业示例

（五）创意无限

除了植绒纸可用来制作剪纸服装之外，无纺布也是不错的选择，图27.10所示为同学们应用团花制作方法创作的无纺布桌布，它既可以做挂帘，也可以做披肩、头饰等。相比植绒纸，无纺布更加柔软。你也可以试一试哦（图27.10）！

(a)

(b)　　　　　　　　(c)

图27.10　作品展示

(六)学生作业卡

图27.11中的三款服装设计范例,既有上下款[图27.11(a)、图27.11(b)],也有单独款[图27.11(c)];既有对称款[图27.11(b)],也有非对称款[图27.11(a)、图27.11(c)]。

图27.11(a)所示的裙子是非对称的,可以准备一块比较长的植绒纸,在剪完纹样后,将其交叠在腰间即可,这样的造型更加随意自然。选择你喜欢的款式做一做吧。

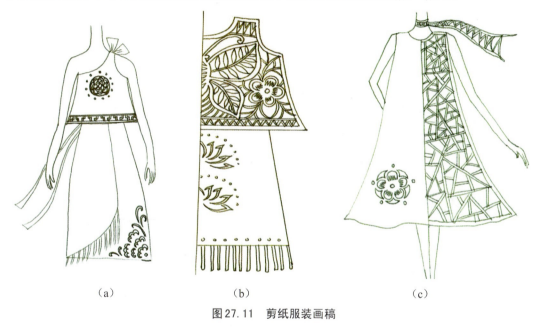

图27.11 剪纸服装画稿

第二十八讲 创意剪纸窗帘

一、导言

在多元文化蓬勃发展的现代,剪纸作为从民间走出来的艺术形式,携带着老百姓的生活智慧和创造精神,在新的时代中焕发出青春的活力和气息。随着新材料、新技术的不断丰富和发展,纸的功能和表现形式也越来越强大,可折叠、可镂刻、可卷曲、可拼贴、可染绘、可组合,尤其是利用剪纸的复数性特点对纹样进行重复排列与组合,可以产生强烈的视觉冲击力,对装饰和美化生活空间发挥出积极的促进作用。

二、观察与讨论

图28.1所示为烟台的窗裙剪纸,作为区域性民间艺术,它是剪纸与手绘年画相结合的艺术形式。凡有居住功能的建筑都有窗,不论是富贵人家雕饰复杂的大窗,还是普通农家的小木格子窗,逢年过节,烟台人都要贴窗花。窗裙是依窗而生的产物,它的结构、类别、样式为适应各种窗户的特点,变化出不同的搭配类型,形象直观地展示出窗裙的装饰之美,也体现出主人的审美趣味和家庭财富状况。窗裙除了装点节日,增加喜庆气氛之外,还有教化众生、传播知识、增广见闻的作用。它的题材主要有吉祥祝福、神话传说、戏曲故事、繁衍子嗣等,是老百姓赞美美好生活和祈愿的重要媒介。

你喜欢这样的表现形式吗?上网搜一搜有关烟台窗裙剪纸的知识吧。

图28.1 烟台窗裙剪纸(勾绘染色窗裙,染色楞子窗心)

三、总结

（一）基础知识

剪纸窗帘主要包括杆（塑料杆、木杆皆可）、窗帘主体、杆与窗帘之间的连接部分。本讲主要介绍用剪纸镂空的方法来创意和制作纸窗帘。

需要准备的工具和材料包括：彩色手工纸、1开色卡纸（软）、牛皮纸、PVC塑料管（木杆）、双面胶、裁纸刀等。

（二）基本技巧

创意剪纸窗帘的主要制作技巧包括窗帘的设计与构成、纹样组织、剪刻技巧、组合粘贴等四个部分。其中，窗帘的设计与构成是本讲的重点。

（三）创作步骤

创意剪纸窗帘的构成分为独立构成和重复性构成。独立构成是在一张大纸上进行纹样镂空，外形可根据窗户大小自由设计，制作时以阳剪为主，否则体现不出剪纸窗帘玲珑剔透的特点。重复性构成是指在多张相同大小的纸上完成重复性或非重复性的纹样制作，然后再组合成一个大的窗帘。

两种方式实际上都利用了剪纸的重复性特点。看起来复杂，实际上有窍门。例如，独立构成的窗帘，虽然是在一张纸上进行纹样设计与镂空，但可以先设计一个或一组纹样，再连续重复它；重复性构成虽然方式不同，但结果相同。

1. 重复性构成剪纸窗帘

此例适合五六名同学一起合作完成。

（1）5人一组设计方案，绘出画稿[图28.2(a)]，确定方案[图28.2(b)]。

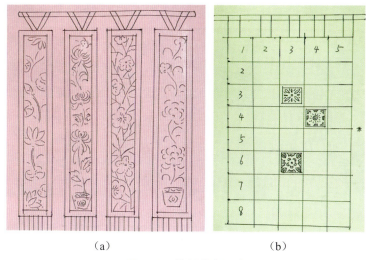

(a)　　　　　　　　　　　　　(b)

图28.2　剪纸窗帘画稿

（2）根据设计稿，选用快捷、方便的方形手工纸作为制作材料，材料包里一般有红、黄、蓝、粉红、粉蓝、粉绿、橘红7种颜色的手工纸，可以自由搭配。纹样以三折8层团花为主。确定窗帘为竖长方形，横向由5个方形团花构成，竖向由8个团花构成，总共需要剪制40个方形团花（图28.3）。

(a)　　　　　　　　(b)　　　　　　　　(c)

图28.3　方形团花

（3）团花设计以阴阳剪结合画法为主，不画稿直接剪最好，尽量剪得细密精致，每个团花留1厘米的边,除了完整好看处,也方便最后组合粘贴(图28.4)。

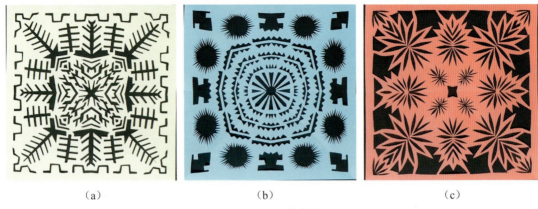

图28.4 团花范例

(4)一次剪出大小相等的5条长方形彩纸,在一端粘上双面胶,直接在PVC管上缠一圈并粘贴住,每条彩纸都可以在管子上移动。5条彩带作为连接下面剪纸帘子的过门(图28.5)。

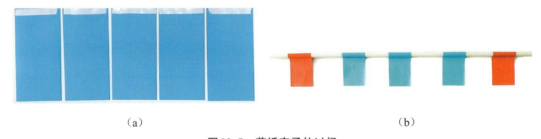

图28.5 剪纸帘子的过门

(5)将制作好的40个小团花每8个一组竖着依次粘贴起来,共做5条。粘贴的时候用一条细双面胶贴在小团花的下面边缘上,然后将8个小团花依次首尾粘贴连接,注意粘贴的位置不能歪斜,否则整个形状就会跑偏。将做好的5条团花粘贴到上方的5条彩带上,最后调整一下不妥的地方(图28.6)。

（a）　　　　　　　　　　　　　（b）

图28.6　剪纸帘子

提示：在制作图28.2(a)所示的4幅竖式创意剪纸窗帘时，可以选择1开的色卡纸，并将其裁成4条，在其中一个长条上设计纹样，然后将4条纸重叠在一起刻（因为纸比较大，且不同于一般的宣纸，所以用裁纸刀比较方便，注意刻的时候在纸底下垫个厚纸板，以免损伤桌子），刻完后，4条纸上的纹样是相同的。4个纹样也可以完全不同，请根据实际情况灵活处理。

2. 独立构成剪纸窗帘

(1) 选择一张1开色卡纸，对折，画出一组自由图形，用刻刀刻纸[图28.7(a)]。

(2) 刻制完成后展开，找一根细木棍，用麻绳将帘子与棍子连接起来[图28.7(b)]。

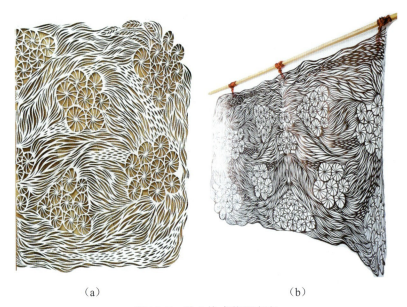

（a）　　　　　　　　　　　（b）

图28.7　独立构成剪纸窗帘

（四）作业展示

作业示例如图28.8所示。

（a）　　　　　　　　　　　（b）

图28.8　作业示例

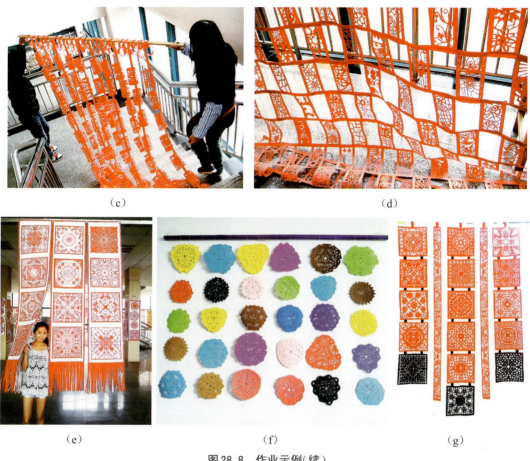

图 28.8 作业示例(续)

（五）创意无限

图 28.9 所示的一组装饰画是由王凤杰同学创作的，是由 3 张 1.5 米×2.2 米大小的牛皮纸对折后刻制而成的。

你觉得好看吗？试试和家人一起做一个有趣的窗帘装饰吧！

图28.9 作品展示

(六)学生作业卡

根据提供的范例,选择你喜欢的方式(独立或合作)制作一幅具有个性的剪纸窗帘(图28.10、图28.11)。

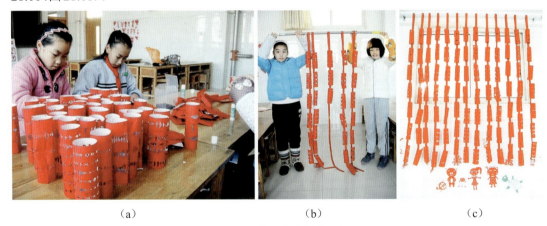

(a) (b) (c)

图28.10 剪纸窗帘制作现场

提示:手工制作除了设计要新颖、独特之外,细节上的精雕细刻也是作品最终能完美呈现的关键,所以一定要注意每一个环节。

图28.11　方形团花画稿

后 记

经过一年多的构思与创作，《创意剪纸》终于完稿了。把多年的教学经验与思考凝练成书，是一件值得高兴和期待的事，然而在本书的写作过程中我深感自己的局限和不足。就一本剪纸书而言，教会学生技巧并不难，但怎样才能成功地激发学生的学习兴趣，却是一件值得深入思考的事件。

"越是民族的，越是世界的。"在多元文化相互融合的时代背景下，作为民俗文化的重要载体，剪纸正以崭新的姿态与其他艺术形式互相渗透，为美好生活贡献精彩的视觉"盛宴"。不可否认，剪纸艺术在当代发展迅速，不断有花样翻新，大量奇思妙想的作品让我们看到了剪纸艺术未来发展的无限可能性。应该说，本书涉及的内容仅仅是创意剪纸的冰山一角，更多的还得依靠大家在生活实践和艺术创作中不断探索。

本书在写作过程中，得到了剪纸界多位同仁的大力支持。在此向山东烟台剪纸艺术家曲青棠老师、江苏金坛国家级"非遗"传承人杨兆群老师、山西河津剪纸艺术家及收藏家杨毅先生、山东海阳剪纸新秀王倩倩老师表示衷心感谢，感谢他们无私地提供了自己收藏的部分剪纸图片。同时，也向我的好友，福建剪纸艺术家吴文娟老师、吉林工艺美术大师张春颖老师、山东济南剪纸艺术家王雪峰老师、河南渑池剪纸艺术家张国矿老师、山东潍坊剪纸艺术家范云老师以及淄博开发区实验小学毕淙淙老师表示感谢，感谢他们提供了精美的剪纸作品。此外，也向淄博师范高等专科学校"手之韵"剪纸社的各位新老成员表示感谢，他们精美的课堂作业也为本书的创作提供了有力支撑。

书稿行将付梓，然而心情却未有期望中的释然和解脱，仿佛一只脚才刚刚迈进门。希望未来的我能不断攀登，创作出更加丰富和富有青春气息的剪纸创意作品；也希望阅读本书的读者能获得灵感和启迪，能够解除一切束缚，自由地奔驰于艺术之境。

2020年2月10日